우리가 빵을 먹을 수 있는 건 빵집 주인의 이기심 덕분이다

在麵包店學資本主義

인문 감성으로 자본주의 공부하기

從人文角度看數位時代資本家、勞動者的改變

朴貞子 | 박정자——作者

譯者——陳姿穎

〔前言〕
學習資本主義時候到了

韓國是社會主義國家

現在的韓國是社會國家，因為比起市場經濟，執政黨將韓國社會變成一個計畫、指示大小事的「計畫經濟社會」。

文在寅總統上任後親自前往仁川機場下達取消非正職制度的相關指示，更宣布將透過以所得為主的經濟成長計畫，隨意決定將每週工時縮減為五十二小時、最低時薪調漲百分之十六。此外，文在寅總統更將能源政策裡的核電改為太陽能、提前廢除月城核電廠一號機、取消新開發核電廠，導致損失數千億韓元，更使得每年九萬兩千名的僱用機會憑空消失。雖然文在寅政府提出「為了保護環境價值因此變更能源發展計畫」的說法，但為了設置太陽能板而砍伐樹林，最後，還是破壞了自然環境。更連帶影響到大學主修核能科系學生大幅減少，就連學科領域也開始被嚴重扭曲。更嚴重的是，比起「單純的環境問題」這一「崇高」理念，現在的執政黨目的看似在於獲取自己黨派的利益。

現在的韓國是社會主義國家，因為現在韓國社會的「個人」不斷被抹殺，而集體主義聲浪不斷上揚。

如同文在寅政府每到海外發表演講時，總會提到「現在的韓國政府是誕生於蠟燭革命的蠟燭精神國家」；的確，文在寅政府是一個從名為「蠟燭遊行」的巨大集體主義中誕生的政府，只是他們將自己美化為「民主主義者」。

然而，即使執政黨稱自己為民主主義派，但民主主義並非絕對是好的——若是過於嚴謹，原本具有民主性質的政府必定走向極權主義之路。看到歷史上許多民主主義政治體制並加以省思的大部分學者們做出一個結論：絕對的民主政治並非共和政治的健全政體，而是腐敗與淘汰。

亞里斯多德（Aristotle，西元前三八二～三二二年）曾說過，用專制來支配市民的這種方式，這點民主政治與集權政治都高度類似。民主政治中，民眾的命令就如同暴君的聖旨；就像是集暴君寵愛於一身並掌握著所有大權一樣，民眾行使著執政黨的權力。

由走上街頭的群眾所執政的民主政治中，每當出現激烈的意見對立，大多數市民便會針對少數市民進行殘忍的壓制；此時少數一派所受到的壓制，比一人專制所行使的壓制更為殘忍。遭受群眾迫害的個人的處境，比任何其他迫害都要糟糕得多。

目前韓國便是如此：只要與執政黨的想法稍有一點不同，大學教授可能因此而丟掉飯碗、公務員也會被解僱。研究室裡出現集體暴力受害者也必須自行承擔；運動選手或藝人如果有任何違反執政意識形態的傾向，網友立馬便會給予惡評，而這些運動選手或藝人便被迫面臨接受「輿論審判」。

完全的民主，是世界上最不誠實的一件事；正因如此，只要躲在執政者的理念下，任何人都不須擔心是否會成為處罰對象，因此，在民主政治裡，民眾不須懼怕任何事物。人們也躲在「群眾」之名下，恣意地做著不合理的事情。

然而，民眾可隨意行使這些權利嗎？當然沒有。但民眾依然無限放大這樣的自由，同時依然行使著不自然又顛倒是非的統治；但即便如此，民眾依然不是真正的執政者，他們只是誤以為自己擁有權力，但實際上只是政治爭鬥中不斷奉獻自己的小兵罷了！

一般來說，教育水準與知識程度越高的個人，他們擁有的見解與興趣越多樣，對於特定的價值體制看法歧異的可能性就越高。而與此相反，道德水準、知識程度越低的人，相對而言對於特定價值體制看法的一致性則越高。

也就是說，為了掌權或維持權力，支持他們的團體並不是興趣極度分化且多樣的人。規劃者們想要吸引的群體是不具創意性、不獨立，單純僅擁有「多數」這個「數字力量」的群體。該群體對於宣傳的抵抗力較弱，容易被傳聞矇騙，也容易被情緒煽動。這種人數眾多的群體，才是讓極權主義政黨膨脹的「人力資源」。

現在的韓國是社會主義國家，因為所有人都輕視金錢。

社會主義輕視金錢、視利潤為罪惡，然而物質經濟是如此卑賤，而精神領域就是高尚的嗎？

人類歷史並沒有單一的經濟目的。對於金錢的欲望等同於其他欲望，也就等同於實現權力的欲望。人類想要賺錢的原因，在於金錢能提供更多選擇來享受我們辛勤工作的成果；而金錢是人類的所有發明當中，能夠讓人類獲得最大自由的手段。

社會主義者張嘴閉嘴皆不斷攻擊資本主義，憎惡擁有某些事物的人，總是向大眾散播「自己擁有全世界的正義」的訊息：所有人民皆平等，金錢是低下的。他們的行為舉止總是透露出「他們的所作所為都是為了貧窮者好」的訊息。然而，當我們仔細一窺究竟，我們可以發現社會主義者透過各種非法手段與貪汙，增加自己的財產，但另一方面又殘忍地埋沒他人，不看一個人是否具有能力或專業，只會和自己人「分食」公家機關的工作機會。雖然這些社會主義者不斷咒罵有錢人或財閥、輕視金錢，但自己卻又不斷狡猾地用各種方式塞滿自己的荷包。

舉例來說，韓國前法務部部長曹國的女兒不當領取獎學金，曹國本人只領薪水不做事，藝人金濟東、金於俊領取天文數字的演講費、出場費等；他們認為自己與自己的子女必須揚名立萬，自己也必須站在可支配他人的位置、不斷增加財產成為有錢人，這也都是目前韓國社會主義者的行為與想法。

現在的韓國是社會主義國家，因為韓國政府目前針對新生兒、老人支付各種名目的現金。

現在的韓國政府將國民繳納的稅金當成自己口袋裡的錢，不斷「免費」提供給國民。二〇一八年，京畿道道知事李在明，針對京畿道內年滿二十四歲之青年（共十六萬六千名），每人每年支付一百萬韓元；江原道道知事崔文洵，每月提供生育新生兒家庭七十萬韓元補助，並提供每位青年六十萬元補助。

久而久之，若習慣了這種體制，人們會喪失用自己的勞力開拓未來的能力，年輕人也越來越難培養獨立精神或堅強個性。這些原本可能成為未來的賈伯斯或馬克·祖克柏的年輕人，原本充滿著熱血與衝勁，但現在「一年」可不勞而獲得到一百萬韓元補助，導致這些具有未來發展性的年輕人漸漸成為無有動力的奴隸，未來社會也走向充滿想像的反烏托邦社會。雖然海耶克曾說過「社會主義者是樹立計畫的規劃者」，但韓國的「規劃者」在規劃經濟時卻不付出絲毫努力，只熱中於向有錢人奪取金錢，將所得稅賦而來的金錢不分男女老少地支付給國民。

社會主義的失敗

執行自由民主主義、資本主義體制的國家中，韓國是社會主義傾向最為明顯的國家之一。上任不到一個月便下臺的韓國前法務部部長，下臺後便正正當當地說自己主張社會主義，明目張膽地擁護北韓極權主義體制的團體在街頭上進行示威抗議，甚至襲擊美國駐韓國大使館。首爾教保文庫光化門店的「一般社會科學」書籍展示臺上陳列著《二十vs.八十的社會：前二十%的人如何維持這個不平等？》、《不平等的世代》、《不公平》、《我們如何不斷對貧窮視而不見》、《為何世界的貧窮問題不會消失呢？》等探討類似不平等議題的書籍。現階段可說是透過強調不平等、主張社會主義的「準備階段」。

然而，如同美國保守派政治評論家班．夏皮羅（Ben Shapiro，一九八四～）所指責的：二十世紀世界給予人類的最大教訓之一就是「社會主義必定走向失敗之路」。社會主義在前蘇聯時已失敗一次，在中國也失敗了，在坦尚尼亞、北韓、古巴都失敗了。而像瑞典、挪威及丹麥等社會民主主義國家能夠運作良好的原因，並非在於「社會」主義，而是託過去殘存的資本主義的福。沒有資本主義經濟，一個國家便會陷入泥淖，這就是二十世紀世界給我們的血淋淋記憶。

具有社會主義傾向的韓國政府，在過去兩年間*[1]不斷施行規模龐大的財政政策。但即便如此，低所得階層的所得反而減少，所得兩極化問題越趨嚴重。年平均所得最低的前二十%家庭，二〇一七年上半年時為兩百八十三萬三千韓元，到了二〇一九年上半年，反而卻減少了二十五萬四千韓元，為兩百五十七萬九千韓元；這都是因為勞務所得減少所導致。同期相比，勞務所得從一百一十六萬一千韓元降到八十四萬三千韓元，減少了三十一萬八千韓元。與此相比，所得最高的

1 譯注：此指二〇一七至二〇一九年。

前二十%家庭，二〇一七年上半年時，為一千七百五十七萬五千韓元，到了二〇一九年上半年，增加了一百七十七萬六千韓元，為一千九百三十五萬一千韓元。在二〇一五年到二〇一七年期間，年平均所得最高的家庭所得每年約增加五十九萬三千韓元；但在兩年後，所得漲幅已接近三倍。最終，上位階層的勞務所得增加幅度越大，導致所得兩極化越來越嚴重。文在寅政府聲稱將增加低所得階層的所得，但他們提出的政策卻完全相反，致使富更富、貧更貧，所得兩極化問題更加嚴重。

與左派主張不同，所得兩極化本身並不是一件壞事。若是所有的社會成員沒有生活壓力，在所得兩極化的情況下，底層階層無法享受最上流階層所享有的奢侈，那麼該狀態並不會成為太大問題。但過去兩年，韓國低所得階層的生活不斷受到許多影響，路上的店家一家一家倒；整體來看，社會不再充滿活力。社會的活力與經濟發展有相當密切的關係，文在寅政府過去兩年的財政問題用一句話總結就是「無底洞」；而這也再次證明社會主義無法發展經濟。

答案相當明確，若要增加低所得階層的所得，比起社會主義，只有資本主義才可實現。資本主義精神主張誠實地承認個人的自私心理，努力工作為家庭與社會創造財富，這才是最為正義、最為簡單的概念。

為了與讀者一起學習，我翻遍了許多專家的書，搜尋了許多新聞報導，也閱讀了亞當・史密斯的資本主義經濟經典，以及保守主義的埃德蒙・柏克，和強調自由主義的海耶克等學者著作。為了能更加容易理解這些學者的著作、幫助讀者理解資本主義歷史，我也試著深入研究中產階級的誕生過程。

若不希望韓國成為下一個委內瑞拉或是北韓，現在，就是我們學習資本主義的時候了！

二〇一九年十二月

朴貞子

目次

Ⅳ 準資本主義的時代

I 日常生活中的資本主義

· 01 ·

右派的自由、左派的自由

資本主義的市場經濟越發達，那個地方的貧富差距則會越來越小；這都是因為「機會平等」。

福利政策並不會讓貧困階層受惠。

——米爾頓·傅利曼

自由是生命也是財產

人們盲目地認為「資本主義重視自由，而社會主義重視平等」，但這其實是一句有道理的話——因為資本主義的哲學即來自於自由主義。自由主義起源於英國亞當·史密斯及約翰·洛克思想；更正確地說，從湯瑪斯·霍布斯（Thomas Hobbes，一五八八～一六七九）定義何謂「自由」開始，約翰·洛克、大衛·休謨、埃德蒙·柏克到現代的佛烈德利赫·海耶克、路德維希·馮·米塞斯等奧地利學派學者，再到了米爾頓．傅利曼與喬治．斯蒂格勒等芝加哥學派的經濟學家等，皆延續了此概念及思想。

那麼，到底何謂「自由」？湯瑪斯．霍布斯認為「自由」和「欲望」是不可劃分的。「自由」指的是在欲望下無任何阻礙的自然狀態。舉例來說，當我肚子餓想吃東西，或是當我想穿帥氣衣服時，「但我沒有錢可以購買想吃的食物或是想穿的衣服」，此時指的就是妨礙欲望行為的狀態。也就是說，在這個狀態下，我是不自由的，對我而言，自由也不存在。

從此角度來看，「自由」和「財產」也具有密切的關係。對人類而言，如果無法擁有實現自己欲望的方式——即私有財產，那麼對人類而言，就無法擁有自由。因為，自由是維持人類生命時的必要條件之一。

但從另一個角度來想，實現自由及創造財產的首要條件必須要有「生命」，若沒有生命，那麼自由和財產都是無意義的。因此，「生命」、「財產」與「自由」這三大要素便成了不斷循環以及連接三者的重要扣環，就像三條曲線箭頭般環環相扣，最後形成一個圓——而這也就是約翰．洛克（John Locke，一六三二～一七〇四）所說的「自由主義三大要素」。

洛克在很早的時候就已經將「生命」、「財產」與「自由」定義為自由主義的三大要素；他也曾說過，人類的權利指的是這三大要素不被侵犯的權利，除此之外，什麼都不是。這是因為生命如果沒有財產和自由，是無法維持的；當財產沒有生命和自由，也無法取得；而自由在財產和生命不被保障的情況下，也無法享受。因此，把洛克提出的三大要素視為一件事情來看，其實也是對的——無論是將生命與財產放在自由裡來看也好，將生命與自由包含在私有財產裡也好，將財產與自由囊括於生命上來看也好。

從～（何）來的自由、做～（什麼）的自由

洛克將「自由」定義為追求及實現欲望時「不受妨礙的自然狀態」，同時也確立了「從～（何）而來（freedom from）」這個現代自由主義的基礎；這裡的「從～（何）而來」意指「從妨礙我滿足欲望而來」——這也意味著「從～（何）而來的自由」即「消極（negative）自由」。

佛烈德利赫・海耶克（Friedrich August von Hayek，一八九九～一九九二）是消極自由當中更為極端的消極自由派學者。他甚至曾說過「『從～（何）而來的自由』不是自由。自由並不會因『為了獲取自由的努力』而出現，唯有保護自己已經熟悉、已經獲得保障的個人領域才可算是自由」。

個人必須努力保護的「自己已熟悉且已經獲得保障的個人領域」，指的是財產、工作以及家人生命與安全，也就是我們平常相較不太留意的日常生活領域。

個人想保護的生活方式，實際上指的就是歷經漫長歲月不斷變化而來的東西；因為生活方式也包含了一個人的歷史。如果把保護這樣的生活方式稱為自由，那麼從本質上來看，自由只能變得保守；為了守護（conserve）自己的生命、財產、生活方式以及與此相關的規範或法律便意味著「自由」。海耶克認為這樣的自由才算是可實現的真正、有用且實際的自由。

然而，左派也是，社會主義者也稱自己是自由主義者。目前美國民主黨政策及思想大多偏向左派、社會主義，但人們也稱自己為自由主義者（liberal）。

如同上述情況，自由主義和原本的意義不同。從歷史上來看，國家介入所得重新分配並賦予意義，起源於十九世紀英國的功利主義。當時功利主義主張追求「最大多數人的最大幸福」，功利主義者為了消除社會不平等，開始提倡改革社會制度，這也就是以約翰・史都華・彌爾（John Stuart Mill，一八〇六～一八七三）為代表的「進步自由主義」（progressive liberalism）或「古典自由主義」。該學派為了消除自由市場與人類自由所產生的障礙，不斷追求經濟與社會的現代化。為了能提前實現上述領域的現代化，該學派主張政府須介入相關問題。

到了二十世紀，於一九三〇至一九七〇年代支持政府須介入經濟市場的「凱因斯理論」為當時主流思想。但到一九七〇至一九八〇年代，隨著政府介入經濟市場開始遭受批判，海耶克、傅利曼與布坎南等經濟學者提倡的思想便開始受到當時眾人矚目——也就是所謂的「新自由主義」。

最後，是否贊成「政府人為介入經濟領域」的問題變成區分「左派自由主義」與「新自由主義」的分水嶺。

總結來看，保守主義所說的「自由」與社會主義所說的「自由」到底哪裡不同呢？「保守主義的自由」主張個人為了維持自己的生命所需的最底線的消極自由；而社會主義者提倡的自由則指在犧牲他人自由的同時已獲得自己的自由。換句話說，社會主義的自由並不是「從～（何）而來的自由」（freedom from），而是「做～（什麼）的自由」（freedom to）的積極自由。

·*02*·

信賴

法蘭西斯·福山（Francis Fuluyama，一九五二～）認為「信賴」是發展市場經濟時不可或缺的要素（《信任：社會德性與經濟繁榮》），因為交易雙方皆須信任對方，才能形成交易；而信賴度要高，才會發生投資行為。

十七世紀稱霸全球海運業的荷蘭便是一個最佳例子。荷蘭的國土面積約與韓國慶尚南道*2差不多，而其國境內地區大多較水平面低，是一塊貧瘠的土地。在童話故事裡出現的荷蘭木鞋（klumpen），主要是用來走在總是濕答答的路上；而看似浪漫的漂亮風車，其實是用來挖取海水的裝置。此外，十六世紀時，荷蘭曾受西班牙的殘忍殖民統治逾八十年。在國土窄小、地形上先天

2 譯注：韓國慶尚南道面積約一〇五二二點七一平方公里（資料出處：https://terms.naver.com/entry.nhn?docId=1060029&cid=40942&categoryId=33947）

條件不足、且長期受西班牙殖民統治下，荷蘭能夠在十七世紀一躍成為歐洲霸權國家的原因便在於「信賴」。

十五至十七世紀「大航海時代」的荷蘭，擁有的商船數占全歐洲的八十％，由此可知荷蘭的海運相當發達；其原因在於人們對於荷蘭商船的信任度高，而這都是源自於讓荷蘭商船備受信賴的威廉．巴倫支（Willem Barentsz）船長的故事（朱京哲《文明與大海》）。

威廉船長認為選擇橫越北極海並往東方走，將能更快抵達亞洲，北極海雖然充滿著冰川等障礙，但威廉船長預計到了夏天冰川融化，船隻通過便不會有太大的問題。所以他在一五九六年夏天，決定開拓具歷史性意義的東北航路。但當他到了北極海才發現，到處都是尚未融化的冰川擋在船隻前方，因為其他冰川移動，導致他們無路可退。從那時候起，船員們便在極寒的北極海度過了嚴冬，在饑寒交迫下所攜物資告罄，十八名船員中有八名因而過世。貨物當中雖然有許多能幫助他們生存的物品，但威廉船長認為那些貨物皆為顧客委託之物，因此吩咐船員不可隨意使用。

八個月後，威廉船長的船隻獲得俄羅斯商船的救援，回到阿姆斯特丹，威廉船長原封不動地將委託物品歸還給顧客。這段佳話在歐洲廣傳，因此當時對於荷蘭商船的評價也水漲船高。在沒有保險制度的當時，「信賴」讓人們對於荷蘭商船的需求暴增。當時，整個歐洲擁有的大型帆船約兩萬艘，其中八成（約一・六萬艘）為荷蘭擁有的商船；由此可知，荷蘭在大航海時代便擁有左右全球秩序的能力（金勝旭〔音譯〕《失敗的國家與成功的國家：歷史性觀察》、崔光〔音譯〕等《老舊的新展望》，guiparang 出版社，二〇一七）。

請不要想著「以人為本」等反駁意見，我在這裡只是想告訴各位讀者，在市場經濟當中，「信賴」是個多麼重大的資產。

·03·

經濟要發展，人們才會幸福

泰勒主義：批判與讚揚

如果農耕時代也有孩童繪本的話，想必內容裡應該會畫上許多爸爸一大早起床到農地工作的農夫樣貌；但二十世紀以後，孩童繪本裡所描繪的爸爸卻是穿著襯衫，早上到公司上班的人。

仔細想想，我們都認為無論是誰只要成年都必須成為每天到公司上班的上班族。起個大早到公司，上了一天班，如果事情多的話還得加班、與同事聚餐，直到深夜才能將疲憊的身體拖上地鐵——這樣的日常狀態就是現代人的樣貌。從二十世紀初期，美國出現大規模製造業開始，在一定規模企業任職的正職員工，成為現代人對勞工既定形象的樣板。

二十世紀初期之前，西歐或美國的勞工職位相當不穩定。勞力勞動不僅辛苦且危險，每日工作時間更達十小時以上。經濟不景氣時，企業老闆能輕易地解僱勞工，勞工則是無法在辛苦的工作環境堅持下去，總是換工作。雖然許多人認為美國與「共產主義」有相當大的差距，但在二十世紀初期，美國其實相當熱中馬克思主義，起因便是當時的社會氣氛。

一九一三年，亨利・福特引進輸送帶生產線，不但提高了勞工的薪資，更開始改變勞工原本的工作環境與條件，此生產體制亦被稱為「福特主義」（Fordism）。而與之相近由工程師腓德烈・溫斯洛・泰勒（Frederick Winslow Taylor，一八五六～一九一五）所提出的時間管理，則是將科學管理理論應用於企業現場。

泰勒提出一個方法：將每個作業程序細分為單純的組織，正確測量每個作業所需的時間後，再將整個工程組織化。隨著生產工程標準化，使得科學性管理及控管變成現實，工廠的規模也能夠隨之擴大。勞工在管理自我時，可能會因為作業過程使得勞工產生怠慢及降低工作效率；但管理者能透過科學方式管理勞工的工作過程，不但能有效提升工作效率，效率問題也大幅減少。此外，引進具差別性的績效制度，也刺激了勞工的工作欲望。

鑑於泰勒主義的科學性管理，讓生產力劇增，生產力提升也增加了企業收益，企業也因而提高了勞工的薪資，如此一來，獲得較高薪資的勞工也在同一家工廠服務許久。在同個空間、同個時間與幾個人一起工作，也間接提升了勞工的合作默契而增加生產力，也讓勞工與經營者之間的合作關係更加密切。優秀的合作默契再次讓勞工的薪資和工作的穩定性變高。一九四〇年開始，勞動時間也開始減少，勞工的上班時間為每天八小時，每週上班五天——美國的勞工也在自己不知情的情況下，默默地成為這個社會的中產階層。

美國能以自由主義國家的核心方式生存到現在，其中，上述提及的勞動階層晉升至中產階層扮演著具決定性的角色。主因之一便是技術的進步，將危險的工作變得更安全、穩定。

當經濟持續發展時，人們會感受到個人的發展性及幸福感。若要同時讓所有階層的人都感受到工作的熱誠及喜悅，只有在市場經濟活躍的情況下方可實現。與此相反，若是一個經濟發展停滯的社會，那麼這個社會裡的人會因為不知道自己何時會失業而感到不安，只會覺得自己的狀況很悲慘，進而開始依賴國家所主導的福利（文根燦《韓國公立學校教育的改革課題》、崔光〔音譯〕等《老舊的新策略》，guiparang 出版社，二〇一七）。

泰勒在自己的著作《科學管理原理》（*The Principles of Scientific Management*，一九一一年出版）裡主張將勞工工作時的動作、動線、作業範圍等標準化，進而提升生產效率。該書在出版時受到當時勞工工會及資本家的抵制與抨擊，勞工工會批評該書提倡的內容是壓榨勞工的方法；而資本家則是因為看到泰勒於該書內稱資本家為「肥豬們」，因此「不太滿意」自己為何得受泰勒攻擊。

想當然耳，當時的社會主義思想家也大多批判泰勒的著作，原因在於他們認為泰勒使得作業變得單純且細分化，反而無法讓勞工在工作過程中加入自己的「創意」，而且這也忽視勞工的感情，勞工就像是一個個零件般，隨時都可能被取代，彷彿人類只是一具具機器。用一句話來說，「人類勞動的非人性化」（dehumanize）就是核心問題所在。

展開這個論點的代表性思想家為安東尼奧・葛蘭西（Antonio Gramsc，一八九一～一九三七）。他在自己的著作《獄中手稿》（*Prison Notebooks*，一九三四年出版）當中批判泰勒主義不但約束了勞工的知性、想像力及創造力，更將生產活動還原至機器及身體的層面。

然而，泰勒直到自己死前都堅信生產提升的最大獲利者並非資本家，而是勞工本身。因為他的唯一目標就是讓所有者（即資本家）和勞工（即無產階級）皆能關注如何提升生產力一事，並且如何讓雙方將自己的知識套用於作業上，進而創造相互合作的社會。

最正確評價泰勒主義的是經濟學者彼得・杜拉克（Peter Drucker，一九〇九～二〇〇五）。他曾說過，人類能在二十世紀透過快速及顯著的方式提升生產力，進而創造發達國家的經濟，都是得益於在勞動現場及作業過程當中套用「知識」的泰勒主義思想。他還說過「將生產過程標準化及合理化一事，並非僅對於資本家有利，對勞工們也是一大福音」。此外，彼得・杜拉克也認為將泰勒主義發揮得淋漓盡致的最好例子就是日本社會（《後資本主義社會》〔*Post Capitalist Society*〕，一九九三年出版）。如同現代人會引用「達爾文、馬克思、佛洛伊德」形容「他們創造世界的三位一體」，杜拉克則主張「比起馬克思，把泰勒放進這創造世界的

「三位一體』當中才更加恰當。」

經濟學者傑瑞米・里夫金（Jeremy Rifkin，一九四五～）也曾向泰勒主義獻上敬意：他表示「如果小鎮裡設置的公共時鐘是開啟歐洲新時代的象徵，那麼泰勒的碼表便是開啟美國新時代的象徵」（*The European Dream: How Europe's Vision of the Future Is Quietly Eclipsing the American Dream*，二〇〇四年出版）。

泰勒比馬克思偉大

那麼泰勒主義為什麼會被忽視？為何又會受到如此多的批判呢？彼得・杜拉克認為這起因於知識分子輕視勞力所導致。這也是截至目前為止，依然受「士農工商」的階級意識者執政的韓國社會的「現實」，也是韓國社會必須接受的批評。

韓國的掌權者或知識分子表面上總稱讚勞工的偉大，但其實心裡卻不斷鄙視勞工。討論青年問題時，這些掌權者或知識分子總打出「必須增加優質工作機會」的口號，但這些人認為只有使用電腦辦公的職業才是「好職業」，使用勞力的勞動則沒什麼大不了——這些說詞反映出他們的意識。

輕視勞力工作不但讓從事勞力工作的年輕人無法對自己職業感到自豪，更無法讓他們擁有幸福的人生，更糟的是，可能會讓他們想乾脆放棄熟悉的技術，最後使國家經濟基礎變得虛而不實。若大部分社會成員對於自己的職業感到不滿，那麼這個社會就會非常不安定。某位雜誌記者曾看到修理自家浴室的水電工的手藝後，便寫了一篇名為〈勞力活動，堂堂正正的美麗〉的專欄（韓賢宇，《朝鮮日報》，二〇一九年八月八日），這可能是韓國第一個在官方報導上積極稱讚勞力工作的文章。唯有對完美工作獻出稱讚、向匠人精神獻上敬意，這個社會才算健康且有發展的可能性；日本，便是如此。

不只企業界、產業界，重視勞動現場效率的泰勒主義，還有美國社會的新開拓精神（frontier spirits）*3，就是「開拓精神」讓美國成為世界霸權。最近，甚至連ＩＴ產業也開始影響全球，並獲得「數位泰勒主義」（digital Taylorism）的稱號呢！

泰勒當然比馬克思還要偉大，我們必須以這種方式轉換想法才行。

3　譯注：開拓精神（frontier spirit），即美國例外主義支持者推崇的「美國精神」或「美國認同」，認為國家民族的活力來自於粗獷的環境條件。

·04·
福利對窮人而言真的是福音嗎？

大眾誤以為經濟民主主義便是走向繁榮之路，「既有權力者」也誤以為自己雖然辛苦，但自己的人生將會變得更美好；但，事實真是如此嗎？

「經濟民主主義」是一種「以政治手段解決經濟問題」的發想，只是用詞稍微改變，但其實真正意涵是「社會主義計畫經濟」（socialistically planned economy）。但現實生活中，「社會主義計畫經濟」在大型實驗失敗之前，路德維爾·馮·米賽斯（Ludwig von Mises，一八八一～一九七三）早在一九二〇年代即提出理論研究，預告社會主義計畫經濟將會失敗；路德維爾表示社會主義經濟因為「經濟無法計算」，因此將無法運作。社會主義經濟具有一個致命的缺陷：利潤與損失機制無法運作——這是社會主義無法發展經濟之根本原因，也使得韓國所有社會主義派從左派紛紛轉為右派。

經濟無法計算

什麼是「經濟無法計算」呢？讓我們慢慢地仔細想想吧！

消費財具有排他性，是無法與人共享的。舉例來說，我現在正在削蘋果來吃，那麼其他人就無法擁有這顆蘋果。如果我現在擁有並使用某個電視遙控器，那麼其他人便因為我而無法使用這個電視遙控器。也就是說，我們無法共享消費財，只能共享生產手段。

但若個人無法擁有生產手段，就像是個人企業無法擁有生產設備，那就無法生產電視；若只有國營企業能夠生產電視，那麼電視便無法在市場上交易，更無法以分銷形式傳到消費者手上。接著，若電視無法在市場上交易，便無法建立市場價格。若無法建立市場價格，就無法得知該產品的價值，那麼從生產階段便會產生影響——因為無法根據生產手段來決定產品的經濟性價值。

再舉另一個例子。要建設連接兩個城市的鐵路，有非常多工程方法可以在建造的過程中使用；「利潤與損失」的標準即給出分配資源「明確信號」以供辨識。但若政府將所有生產要素抓在手裡，我們便無法得知價格，也無法判斷建造鐵路的最佳方法。萬一發生問題，便無法追根究底、找到最終擔負責任的負責人。正因如此，當無法縝密計算經濟主體，那麼生產成本也就會毫無根據的水漲船高。

政治性的解決方法有時候會讓經濟主體以錯誤的價格被計算。以韓國的國民健康保險舉例，人們在判斷是否要去醫院接受特定治療時，只會考慮自付額的費用，而不是包含健康保險費和自付額加總起來的所有費用——這也是以錯誤的價格來計算的事例之一。

想想看，有一名得了非常輕微感冒的患者要去醫院就診，假設診療費的適當價格為一千韓元，我們付給醫院的自付額為一百韓元。因為有投保健康保險，不管是有錢人還是窮人，都只要支付一百韓元。但是，總要有人負擔剩下的九百韓元。假設一個有錢人負擔四千九百韓元的健康保險保費，再加上他今天看醫生的診療費，他實際上支付的費用是五千韓元；也就是說，他損失了四千韓元。如果是一名中產階級的人支付了九百韓元的健康保險費，九百韓元加一百韓元就是一千韓元，那麼這個人短期內看來沒有吃虧，也沒有占到便宜。我們由此得出結論：根據繳稅多寡，各階層所享受的福利優惠也不同。

富有階層若因福利制度而遭受經濟損失時，他們所遭受的經濟損失真的等同貧困階層所獲得的優惠嗎？短期上來看，的確是這樣。健保費一塊錢都不用付的貧困階層只要支付一百韓元，就能享受到價值一千韓元的醫療服務。貧困階層可以享受沒有福利制度就無法負擔的昂貴的服務，這意味著福利制度在重新分配所得上造成了一定的影響。

然而，長期上來看，福利制度對於貧困階層而言也是較不利的。

第一，福利制度若穩定發展，人們的賺錢欲望及儲蓄動力（incentive）也會減少。使得無論有錢人還是窮人，失去「想要不斷努力工作儲蓄」的心理。富有階層可能會認為「反正稅金都要繳給政府，那不如出國旅遊、買奢侈品還比較好」，進而造成過度消費的狀況。而貧困階層則會產生「反正我不用努力存錢，國家也會提供許多福利，只要一有錢就盡情花掉吧」的心理。久而久之，施行越多福利制度，資本便無法累積，也使成長率趨緩。如此一來，與沒有優厚福利制度而工作並儲蓄累積的所得相比，貧困階層停留在低所得水準的可能性相對更高。

第二，工作與儲蓄動力減少雖然已經夠災難了，但過度使用沒必要的服務也是另一種災難。當推動醫療服務及教育服務的福利政策時，與沒有福利制度相比，人們會傾向過度使用福利制度。例如做了沒必要的MRI（磁振造影），或對念書毫無興趣的高中畢業生硬著頭皮去念大學等等。若患者不須自己掏腰包支付所有費用，可能會去做從未做過的「醫療購物」，或是原本對念書沒興趣的高中畢業生，單純因為學費低廉而進大學念書，那麼對消費者而言更有價值的其他物品生產量也定會跟著減少，這都是因為整個社會的財力是有限的，在其他領域裡被認為有價值且有用的資源一旦與前面所說的醫療與教育相比，由於「人為」因素使得價格不符合現實，將導致有限的資源被過度投入而失衡。

由於健康保險制度發展成熟，患者不須支付檢查的邊際成本*4。不只是老人，而是所有人、醫生都期待治療範圍擴大，所以大家更頻繁地去看醫生。隨著

4　譯注：由於生產不斷擴大，使得部分成本也因而增加。

就醫成本的降低，人們去看醫生的頻率會越高；原本只要在家多休息或等身體小症狀自行好轉等各種自然療法將不太被採用。為了進行診療，當花費減少時，花時間排隊等待以及其他成本便會變高。這都是毫無必要的成本浪費，對我們而言如同一記警鐘：擴大健保範圍不是解決對策。想要透過保險解決醫療成本的增加，根本無法降低醫療成本，因為醫療服務需求增加的速度將更快。

「文醫療」的副作用

擴大健康保險的給付範圍，即「文在寅醫療」的「副作用」。先前為自費診療項目的MRI等，自從被納入健保給付後，患者便大幅增加，雖然這讓第三級綜合醫院獲得破紀錄的收入，但事實上醫療人力、設備及設施等皆嚴重不足。

三級綜合醫院的總診療費二〇一六年為十兆五千四百億韓元，到了二〇一八年，增加到十四兆六百七十億韓元，共增加了百分之三十三．五。乍看之下，可能會覺得都是因為健保服務增加所以導致診療費也增加。但長期上來看，根本原因很可能是不重視醫療系統，導致健保服務更加惡化。

第一個狀況是患者聚集。韓國的醫療體系當中，第一級、第二級、第三級醫療機關分別扮演著不同的角色，但現實上，各級醫療機關的分類界線變得十分模糊，使得醫療體系分級變成一個「有名無實」的制度。現在能維持殘缺不堪的醫療系統，其主要關鍵是價格。第一級醫療機構比第二級醫療機構昂貴，第二級醫療機構則比第三級醫療機構昂貴，如此能讓患者會謹慎決定要到哪一級的綜合醫院看病。然而，「文在寅醫療」卻不斷在敲破這防守醫療系統的最後一道牆；因為「文在寅醫療」的結構是「若到大型醫院就診，便能獲得更多醫藥費的優惠」。但這也不是單純擴張大型醫院就能解決的問題，若僅擴張大型醫院，將導致中小型醫院和診所停業，最後使得整個醫療體制崩潰。

最大的問題是，原本應收治重症或罕見疾病患者的一級綜合醫院，聚集了眾多輕症患者，使得一級綜合醫院無法好好地扮演自己該做的角色。這個問題也如同健保財政赤字一樣，其嚴重程度不相上下。

「文在寅醫療」的代表性政策是「過於快速的補助政策」，比起截斷低需求、低薪資、低負擔的惡性循環，反而讓給付對象擴大、患者聚集、醫療使用頻率增加、財政赤字、成本控制複雜化、保費負擔增加等，惡性循環不斷持續下去。原本為自費項目，但突然變為健保給付，這不僅間接鼓吹民眾進行「醫療購物」，反而對國民、醫院及政府都沒有任何好處（健康福利政策研究院林龜日〔音譯〕理事，《朝鮮日報》，二〇一九年六月）。

擴大社會保險的問題

各種社會保險的財政來源枯竭也是一個嚴重的問題。

二〇一九年九月，韓國政府突然調漲就業保險、健康保險等四大社會保險保費。「文在寅醫療」的政策大幅擴大健康保險的保障範圍，兩年內所調漲的最低薪資漲幅達百分之二十九，透過民粹主義使得福利成本劇增，國庫不足，最終將由國民全額負擔。

二〇一三年以後，就業保險費為六年平均月薪的一・三%，但自二〇一九年十月起，便一次調漲二十三%，為月薪的一・六%。健康保險保費在二〇一九年調漲了三・四九%，二〇二〇年又調漲了三・二%。自二〇一〇年起，連續八年凍結的長期療養保險費，也在二〇一八年起連續兩年調漲。四大社會保險費不斷調漲，讓領月薪的上班族每月支出的四大保險保費，從二〇一八年占平均月薪的八．五％，到了二〇二二年將接近月薪的十％。失業補助由就業保險基金支付，該基金自二〇一二年起持續創造出營收，但自二〇一八年起卻達八千億韓元虧損，二〇一九年該虧損金額預計超過一兆韓元。原本累積下來的健康保險基金超過二十兆韓元，預計文在寅政府任期尾聲時，該準備金將僅剩一半，健康保險負債也從二〇一九年的七十四％，到二〇二三年將增加至一百三十二％。

說起來，這就是一種「朝三暮四」的計算方法。國民自己繳了更多的錢，但收回那些錢時，卻產生了「自己是免費拿回那些錢」的錯覺。再加上拿回的錢不等於自己繳出去的金額，中間還有一些錢就像是水管漏水一樣，不斷地流失：負責行政服務的公務員增聘、徵收稅金或社會保險保費後再重新分配的過程中所需的行政費用等各種成本就是例子。

當超過政府可負擔的能力時，社會安全網便會崩潰；依財政能力範圍推動福利是基本常識，而福利的擴大卻不會使得窮人受益。

福利中毒

京畿道安山市的財政自主性僅為四十七．五％，低於全韓國的平均（五十．三％）。安山市自二〇二〇年起，決定補助大學生一半學費，在韓國所有地方政府當中是第一個。若提供居住於安山市的兩萬多名大學生一半學費的補助，每年需要國民繳交稅金達三百三十五億韓元。韓國的財政自主性最低的全羅南道（二十五．七％）也自二〇二〇年起，每年對二十四萬名農民支付每人六十萬韓元的「補助」。自全羅南道海南郡首次進行農民補助起，在一個多月內，便有全國四十多個基層地方政府紛紛加入行列，甚至連廣域市市政府也加入這個制度。預計京畿道安山市進行的學費補助也將擴大至全國各地方政府。

青年津貼、兒童津貼、老人津貼等，甚至是校服、教科書、畢業旅行費等，提供補助的地方政府也不斷增加。某個地方政府若開始一個新的具有善意的福利，其他地方政府便會跟進。中央政府及地方政府透過基本年金、兒童津貼、青年津貼等名目，向國民支付的現金在二〇一九年為四十二兆韓元，不到兩年便增加了兩倍。這不是個人支付的公共年金，也不用付出勞力，而是不用任何努力或貢獻，政府便會無條件把錢放進國民口袋的「不要問現金福利」。

韓國中央政府目前針對六十五歲以上老人提供基本年金，但一般地方政府還推動了長壽津貼、孝道津貼、老人津貼等制度，重複提供支援。甚至還有地方政府推出肥料收取手續費，但卻以不動產仲介手續費等稀奇古怪的名目給居民現金。這是一種「不問、不追究就送你現金」的方式。這樣算起來，可以現金方式獲得福利的國民人數約一千兩百萬人，也就是每四人中，就有一人符合。若以家庭數來看，兩千萬戶家庭中約有四十三%，即八百萬戶家庭可享有這樣的現金福利；這也意味著韓國幾乎快一半的家庭是靠政府支援過生活的。

這是不是意味著政府把窮人變得更窮後，再讓他們依賴稅金過生活呢？雖然是政府和地方政府的政績，但最後卻由繳稅的國民來負擔。以擁有投票權的青年層為目標，提供創業補助、面試補助等，這是地方政府首長或在野黨國會議員的買票行為，他們用國民辛苦繳納的稅金，幫助自己競選。

福利的擴大最終會讓長期累積的資本縮減，會使經濟成長變得緩慢；再加上價格並無法考量現實性，效率又低，長遠來看，連貧困階層也會成為受害者：失去工作的欲望、無來由厭惡過好日子的人等，若還「蠶食道德資本」，那麼整個損失範圍將更加龐大、深遠。

除此之外，現金福利還有毒性，只要開始就很難中斷。南美及南歐國家便是活生生的例子：過度的福利導致財政出現危機，對於現金福利已中毒太深的國民還因福利縮減而強烈抵抗。我真的很擔心韓國也會步上這些先例的後塵。

·05·
誰花錢在誰身上呢？

目前福利支出持續增加，福利計畫效率卻不斷降低。當我在閱讀崔光（音譯）教授（〈福利政策及爭論之根本性研究〉，《老舊的新策略》）的論點時，我也想起了格雷瑪斯（Algirdas Julien Greimas）的行為（者）（agent／agency）理論。

讓我們套用在符號學的行為者理論：「發出者、接收者、主體」上看看。首先，誰花錢？花錢的主體，即「發出者」為何？接受錢的人，即「接受者」為何？接下來是花錢的目的為何？是否為了獲得什麼而花錢？也就是指，做出花錢行為的「主體」為何？

花錢的行為可分為「花自己的錢」與「花他人的錢」等兩種狀況。當人們在「花自己的錢」時，總會盡量「節省」；但若在「花別人的錢」時，並不如此。就像公司員工用公司的公關費吃午餐，他們絕對不會想節省午餐的餐費。

此外，當人們在「花自己的錢」時，總希望錢能花得有價值；但若是「為別人花錢」，就不一定了。人們在購買自己所需的物品時，會盡量買CP值高的物品；但若買禮物送某人，可能因為無法正確得知對方喜好，也可能不太在意對方喜不喜歡那個物品，因此購買物品時不會仔細評估CP值。

那麼，「為了別人」花「別人的錢」又會是什麼樣的狀況呢？與例來說，用自己公司的公關費招待客戶用餐的員工便屬於此類。這個時候，員工並不會想要節省經費，也不會去思考對方喜歡的食物為何；但若自己必須決定餐廳，他便會依照自己喜好去做選擇。

政府預算當中的「福利支出」也屬相同情況。福利預算的重點在於負責該政策的官員或政治人士「為了他人」或「為了自己」去「花別人的錢」，這裡所說「別人的錢」就是國民所繳納的稅金。舉例來說，國會議員針對預算案投票，這預算來源是別人的錢（即國民繳納的稅金），但國會議員卻在預算案投票時，「為自己」（管理自己的選區）和「為別人」（國民或地區居民）做事。執行預算案的行政官僚也是如此，他們也是為了他人（國民）花別人的錢（稅金）。

重點是政治人士及官僚皆使用他人的錢或為了他人支出費用。若要說他們提供了受惠者最有用的錢，那單純就只是因為他們對於「人」所帶有的「善意」罷了！也就是說，我們能期待的就只有他們的高尚人格，而這跟中樂透一樣，需要好運才能碰得上。正因如此，福利費用遽增，但支出的費用卻不斷被浪費，導致我們無法看到預期結果，這也變得稀鬆平常了。

然而，貧困階層不僅沒有市場上認可的技術，也沒有能在政治爭奪戰獲得資金的技術。我認為，貧困階層在經濟市場的立場可能比在政治市場更加不利。總結來看，我們就能比較理解眾多政策都與原本目的不同，比起讓貧困階層受惠，中產階層和高所得階層受惠範圍更廣。

以「為他人支出他人的錢」為形式的福利政策，其實在經濟和道德層面來看都是不建議採取的——因為該策略會讓所屬對象變得墮落；官僚或國會議員可能會參與腐敗團體或做出不當行為。比如說，決定對所有青年支付每人五十萬韓元等政策的政治家不花自己的錢，而是標榜自己的「善心」而花別人的錢（指國民稅金），還表現得彷彿自己擁有如上帝般的權力與能力，但其實都是錯覺。

在這樣的情況下，接受金錢補助的對象其自立能力及判斷便會越來越疲弱，變得如同小孩一般的依賴心理不斷加深。此外，「反正這只是別人送的錢而已」的心態也會導致道德危機。謊報幼稚園學生人數以獲得一億韓元育兒費補助的幼稚園、不申報現金收入並將自己登記為待業者以獲得各種福利優惠的打工族、把妻子當人頭員工且謊報工時獲得兩億韓元就業補助的中小企業代表，諸如此類狀況不斷發生；二〇一九年上半年，企劃財政部所揭發的不當收入案件高達十二萬八百六十九件，金額達一千八百五十四億韓元。

過度的福利不但無法反應初衷、浪費錢，也讓社會成員無法自立自強。

·06·
基本所得制

「負所得稅」與財富稅

無條件支付一定金額給所有國民的「基本所得制」歷史可追溯至十六世紀。一五一六年湯瑪士・摩爾（Thomas More，一四七八～一五三五）在小說《烏托邦》裡提到「除了竊盜，沒有其他方法能勉強生活的人是無法用任何嚴厲的刑罰去阻撓他們的。雖然現在以嚴峻的刑罰管制竊盜犯，但向所有人提供微薄生計手段，這是解決人們賭上性命偷取東西的絕境的最好方法。」此後，啟蒙主義思想家湯瑪斯・潘恩（Thomas Paine，一七三七～一八〇九）、烏托邦社會主義者夏爾・傅立葉（Charles Fourier，一七七二～一八三七）、自由主義者約翰・史都華・彌爾（John Stuart Mill）等人皆不斷強調基本所得制為人們的權利。

進入二十世紀後，詹姆士．托賓（James Tobin，一九一八～二〇〇二）等左派（美國國內稱「自由派」〔liberal〕）學者提出「基本津貼」（basic allowance）的想法。基本所得制或基本津貼今天已為部分相通之概念，諾貝爾經濟學獎（一九七六年）得獎人——新自由主義經濟學者米爾頓．傅利曼（Milton Friedman，一九一二～二〇〇六）提出了「負所得稅」（negative income tax）之概念。傅利曼在一九六二年出版之《資本主義與自由》（*Capitalism and Freedom*）一書中提到「有所得的人向國家繳納的稅金為『正所得稅』（positive），即可使國家財政增加財富的『加法所得稅』；但無職業也不具有繳稅義務的人接受政府的錢，即為負所得稅，也就是使國家財政減少的『減法所得稅』」。基本所得制、基本薪資及負所得稅理論等雖然在二十世紀中、後段曾引起一波波反響，但這些理論在現實的政治層面上都以失敗之姿收場。最終引得英國柴契爾夫人及美國雷根總統登上舞臺，歐洲大陸境內的社會民主主義則走向沒落。

然而，美國目前狀況也並不如我們所想像的好。舉例來說，二〇二〇年美國總統大選時，宣布參選的民主黨強大候選人伊莉莎白．華倫（麻薩諸塞州聯邦參議員）主張以「超級富豪」為對象，徵收富人稅：以資產規模最頂層的七萬五千戶為對象，每戶資產合計超過五千萬美金（約五百九十億韓元）之淨資產與每戶資產合計超過十億美金（約一兆一千九百億韓元）的家庭，應分別課徵百分之二及百分之三的富人稅。

瑞士與芬蘭的實驗

雖然左派先開始主張現代的基本所得制理論，但右派也積極思考此制度，著實相當特別。

希望引進單純福利制度的自由主義者們對於基本所得制並無太大的抗拒，因為以基本所得制代替複雜的福利體制，能夠盡量減少官僚的自由決定權。主張引進基本所得制度的一派，是為了解決現有福利體制下產生的複雜度及低效率問題。

然而，具有平等主義傾向的左派知識人士卻是為了防止受惠者產生「標籤效應」，因而主張引進該制度。舉例來說，若僅向貧困階層的子女提供免費餐食，反而會讓更多人知道他們是「窮人家的孩子」，進而侵害到孩子的基本人權；所以左派人士主張應向所有孩童提供餐食，此即普及福利論一派。

最近也有人提出結合電腦技術發展與基本所得制的論點。由於第四次工業革命時代來臨，人類的勞動因機器人出現必然大幅減少，這也意味著必須向所有人支付基本所得以保障其基本生活。透過施行基本所得制，讓人們不再只為了基本生活而勞動，而是讓人們追求更有價值的生活，讓大家享受新人生。

支持此論點的人們認為「『人類為了過生活，只有憑靠勞動才能實現』，這已經是老舊的固有思想」。他們還認為生活在狩獵、採集社會的人們只要出去採集和狩獵足夠果腹的東西即可，不須額外付出多餘的勞動；但現代人的勞動時間過長，未來必須縮減勞動時間，為此，國家應向所有人支付基本所得。此派人士也認為必須跳脫「勞動是必須的」這一錯覺，有些勞動並不是為了果腹而做，這些勞動種類眾多，例如體育、舞臺劇、電影、詩集、小說、美術和音樂等皆是。

因機器人與人工智能為代表的第四次工業革命出現所引發濃厚不安感，而產生這些主張。瑞士的「瑞士基本所得」（BIS，Basic Income Switzerland）團體發言人華格納（Che Wagner）便曾說過「給予未來因機器人出現而無法賺取薪資的勞工基本所得，他們所付出的無薪勞動將會變得更有價值。若擁有基本所得，人們在選擇職業時，便可開始考慮『金錢』以外的各種條件。」

瑞士政府於二〇一六年六月請國民針對「是否引進基本所得」進行投票，詢問國民對於每個月向成人支付兩千五百元瑞士法郎（約兩百七十五萬韓元）之法案相關意見。這看起來像多數會贊成的法案，但投票率僅為百分之四十六・三（兩百六十多萬人），其中贊成占百分之二十三・一，反對則占百分之七十六・九，該法案因反對者高於贊成者而被駁回。因為大多數瑞士國民擔心引進該法案可能會導致財政負擔加大、福利制度縮減、移民遽增。

而芬蘭政府則在瑞士實施投票六個月後的二〇一七年一月隨機選取兩千名市民，實際進行每月支付五百六十歐元（約七十萬韓元）之基本所得實驗。芬蘭政府認為，無條件支付國民金錢，人們將會做更多的事，這樣的想法其實讓很多人都感到荒唐，因為有免費的錢掉下來，少做事才是人之常情，不是嗎？

然而，我們能在制度完善的芬蘭福利制度下找到違背我們常識疑問的解答。曾為全球第一大手機製造商諾基亞走下坡，芬蘭最大貿易國的俄羅斯因受歐盟的經濟制裁導致貿易市場萎縮，芬蘭也在二〇一二年起持續維持負成長。二〇一六年芬蘭的失業率達百分之九．五，其中青年失業率更超過百分之二十二；這一切都是因為芬蘭擁有完美的福利制度。經濟發展疲弱，新的工作機會大多為低薪的兼職、臨時工，這樣的工作所得與失業補助金差不多，金額都很小。正因如此，比起出去工作，乾脆邊玩邊領失業補助，至少身體還不會這麼累，最後也導致不務正業的年輕人增加，失業率暴增。

所以芬蘭政府決定向已經正在賺錢的人支付免費的錢，並進行基本所得實驗。現有的失業補助是即使只是做低薪的打工，但只要有工作，失業補助便會停止支付；但基本所得在有工作的情況下依然會持續支付。多做事，所得便會增加，因此年輕人為了獲得更多所得，將願意去做更多的事——這是芬蘭政策建立者的想法。他們認為實驗對象中若出現並提升有意義的就業趨勢，那麼該制度將對「打造一個工作的社會」有所貢獻。

該實驗在初期，贊成與反對的人數不相上下。贊成的人認為至少應讓失業者能夠果腹生活，他們才會產生找一個不錯工作的欲望；而持反對意見的人則認為，這只是大量產出侵蝕國民稅金好吃懶做的人而已。輿論調查結果也偏向反對立場。起初，雖然百分之七十的芬蘭市民表示贊成實施基本所得制度，但當回答進階問題「即使存在所得稅增課的可能性，你依然贊成實施基本所得制嗎？」的時候，表示贊成的比例僅為百分之三十五。根據經濟合作暨發展組織（OECD）於二〇一八年三月提出之分析報告顯示，芬蘭政府若想針對所有國民實施基本所得制，國民所得稅負擔比例將比現有增加百分之三十。

由於該實驗並未出現有意義的效果，最後，芬蘭政府在實驗實施一年三個月後，於二〇一八年四月終結該計畫。

國家無條件向個人支付「免費的錢」這個實驗，實際上宣告失敗，保守派對於基本所得制的憂慮是對的。芬蘭的實驗失敗及瑞士的國民投票否決結果，都讓世界各地關於基本所得制的相關議論完全地失去了說服力。

韓國的現況

韓國的「撒現金」是執政者單純為了贏得下一次選舉而出現的「善心性政

策」，並非因為第四次工業革命出現導致大量失業而產生的政策。

部分地方政府以青年族群為對象支付「墊腳石」、「夢想」等名目的津貼，這與基本所得概念類似；也就是向無法就業的青年以「活動費」為名提供補助。二〇一六年，首爾市率先施行，此後擴大到其他廣域市*5及道*6。二〇一九年七月底，支付青年津貼的地方政府有十二處。首爾、釜山、仁川、大田、全羅南道、濟州島等六個行政區在六個月期間共支付了每人三百萬韓元津貼；江原道也預計在二〇一九年下半年支付三百萬韓元津貼。慶尚南道的津貼支付金額為兩百萬韓元、蔚山為一百八十萬韓元、大邱為一百五十萬韓元、京畿道也支付了一百萬韓元。光州廣域市則預計在二〇二〇年上半年支付兩百四十萬韓元。以年齡為基準，大多為年滿十八歲起，最高為年滿三十四歲。仁川的年齡基準擴大到年滿三十九歲，京畿道則僅限於二十四歲。

忠清南道自二〇一八年十一月起，另外針對年滿一歲的嬰兒支付「忠南嬰兒

5　譯注：廣域市，具有一定條件的城市，類似直轄市。
6　譯注：道，行政區。

津貼」。比中央政府針對未滿七歲兒童提供每月十萬韓元的津貼還要多。京畿道廣州市、安山市及江原道旌善郡也為了解決低生產率的問題，另外支付類似的津貼。

地方財政中，社會福利預算從二〇一三年的三十四兆九千九百二十億韓元不斷快速增加，到了二〇一九年，社會福利預算達六十六兆一千五百八十八億韓元，六年內增加了兩倍。同期，中央政府整體社會福利預算從九十九兆三千億韓元增加了百分之六十二，達一百六十一兆韓元。以這樣的趨勢來看，中央政府的福利預算增加速度比地方政府快上許多*7。過度的福利政策若使得財政出現缺口，地方政府只會把責任推到中央政府身上，但最後負擔還是會回到國民身上，變相徵課稅金。在這樣的情況下，經濟成長也不斷趨緩，國民真的有繳納無上限稅金的能力嗎？

雖然目前全世界大部分國家皆已廢除基本所得制，國民也可獲取與基本所得

---

7 譯注：《朝鮮日報》二〇一九年十月十日的報導。

類似金額的津貼或補助，但二〇一九年十月，首爾市內依然出現了支持基本所得制的聲浪。一百五十多名年輕人主張「所有人都有無條件獲取基本所得的資格」，拿著示威牌從大學路走到普信閣*8。這群年輕人還表示全球十個國家、共二十六個都市，支持實施基本所得制的支持者當天皆同時進行了「國民基本所得遊行」（Basic Income March）。

參加遊行者將差別化、標籤化、灰色地帶、不必要的行政費用等問題視為實施基本所得制的必要因素。在韓國，必須不斷證明自己是貧困的、沒有能力的，方可獲得相關補助或津貼，從此便出現了差別化，因此這群人主張基本所得制的存在，才能讓所有人不用證明自己是貧窮的，還可進行社會活動。

為了提前因應第四次工業革命導致失業的經濟影響，也有一群人主張這也是訴求實施基本所得制的原因之一。這意味著，截至目前為止，當我們提到「所得」時，只有「資產所得」或「勞動所得」；但現在是我們必須去思考「第三所

8 譯注：路程約五、六十分鐘距離。

得」的時候了。

此外，也有一派人士認為「若要維持資本主義，必須要有消費的人存在，因此有錢人若不想受革命影響，應該放棄某些東西，如此一來整個社會才能夠一起運轉。」這派人士擺明主張「奪取富人的錢」，也讓我們深切了解到「隨意撒現金」的福利民粹主義讓眾多年輕人變得墮落。這是一個迫切需要資本主義教育的時代。

芬蘭政府實施基本所得實驗的目的在於打造勞動的社會、改革社會保障系統，並不是單純在統治權裡為了選舉而進行的實驗；但韓國的現金福利政策卻讓中產階層以上的納稅人和韓國經濟變得遍體鱗傷。

·07·
增聘公務員的弊端

龐大公共部門是社會的負擔

公務員被僱用後較難解聘，勞動彈性很低。除了在職時的薪資，就連公務員退休後的年金也是由納稅人的稅金來負擔。若考慮到平均壽命，當一名公務員在二十歲初便被僱用為公務員，意味著往後六十年的收入都靠稅金支付。目前建議待人工智能、機器人及3D列印等技術發達，即進一步減少公務員人數。為了國家發展，就必須減少公務員人數。

二〇一九年韓國公務員人數超過一百萬名，這個數字只是正式公務員的人數，若加上由政府負擔的公共部門「人工費用」，韓國的公務員人數應該比政府統計數字還要多上兩倍。

所有官僚組織都有自我膨脹的傾向，與政府機關的每個公務員的意願無關，官僚組織像天生就會擴張一樣——我們稱這個現象為「帕金森定律」，即便工作減少或消失，但公務員人數仍可能增加。

資本主義是個人能擁有財富經濟主導權的體制。雖然社會主義者們總認為資本主義是萬惡根源，但實際上資本主義才能讓所有人類變得平等，縮小社會勞動、個人欲望所造成的差異。在資本社會裡，資本決定了為何要生產產品以及它的用途。資本能夠決定為何生產一個產品？也能決定將該產品活用在哪裡？何種東西才是有用的勞動？如何才能讓某個東西的價值與製造時所花費的時間成正比？或是決定該產品有無花費兩倍勞動時間去製造的價值？這都是由資本決定的。資本會根據各自的勞動時間去支付他們金錢。

但社會主義社會當中，決定這麼多要素的人是公務員；因為社會主義是一個公務員掌握所有權限的官僚主義社會。資本雖然會為了自己的利潤、為了多賣出自己的產品，因此不斷觀察消費者的想法，並且努力去符合消費者的需求；但公務員並不須如此。消費者不被重視或感到不滿等，完全不用大驚小怪。

社會主義是所有人根據自己的「需求」獲得財物的社會。舉個例子好了，假設你有兩個小孩，而我只有一個，那麼是誰去掌握及決定我們私生活或各自日常生活中的差異以及所需財物的量呢？答案是公務員。公共服務，在擁有全部權限的社會主義社會來說，即代表公務員擁有全部權限。

與勞工、較低階的階層看法相反，比起社會主義的福利政策，資本主義的市場經濟，才是對他們比較有利的。

法國的現況

從歷史來看，法國在工業革命後的發展明顯落後英國的原因之一，就是官僚制度。

法國曾受羅馬統治，直到中世紀為止，道路與運河系統皆優於英國，擁有中央集權政府與體制化的司法機制。直到十六世紀，法國的封建制度消失，財產權也發展得更為明確，所有權讓渡之風普及擴散，商業發展快速。到了十七世紀，更出現了勒內・笛卡爾（Rene Descartes，一九五六～一六五〇）與布萊茲・帕斯卡（Blaise Pascal，一六二三～一六六二）等人，使得「科學啟蒙主義」隨之出現，發展更趨穩定。

但即使如此，法國在現代化的過程中依然落後英國，這是因為實現中央集權的過程中，官僚主義間接擴大所致。查理七世（十五世紀）時，開始出現用錢買賣官位等「賣官賣職」現象；法國在弗朗索瓦一世（十六世紀）時，出售公職所產生的收入，在財政中所占比例甚高。當時因為公務員不要繳交人頭稅、間接稅和鹽稅等稅金，所以無所事事的公務員職位也要用高價才買得到。

此外，由商人及手工業者分別組成的團體「行會」也阻礙了當時經濟的發展。十七世紀法國境內約可分為三十個市場，分別以自給自足的方式生活；但行會卻在各個市場上享有壟斷權。雖然行會並非真正的公職，但由於國王以收取稅金的代價，間接允許行會行使壟斷權，因此我們可以將行會視為「準公務員」。獲得壟斷權的行會競爭變少了，也阻礙了創新發展。這樣的行會一直發展到十九世紀，約持續了兩百年。

皇室利用行會控制了整個產業生產過程。舉例來說，定義染衣的法令條款多達三百一十七條。衣物要經過六次檢查，且由一千三百七十六條絲製成，有哪些衣物則要兩千三百六十八條絲製成等等，條款裡甚至規定明示了如此詳細的內容。還有些規定，原本以動物骨頭製成的鈕釦，但若被發現用其他材質製作，不僅得被處以罰款，還會被搜查，甚至處以刑罰。除此之外，還有規定只能在五月到六月之間剃羊毛、不可屠殺黑綿羊、剃刀數量也有定量。另外禁止生產、進口及穿著特定棉織衣物。十八世紀時，因違反這些大大小小的規定而被處以絞刑及凌遲斬首的人數多達一萬六千名以上。這意味著當時皇室的監視與控制成為法國經濟無法蓬勃發展的主因。英國在一六二四年制定了《壟斷法》，國王不可恣意賦予他人壟斷權；但法國在一七八九年大革命以後，壟斷權仍掌握在行會手上。

行會壟斷了所有東西，讓市場發展變得扭曲，形成了一種特定的組織；此後產品價格變得固定，新產品打入市場的難度提升，人們便無法發揮創新及創意能力。此外，行會如同祕密社團般具有封閉性，因此也嚴重限制了勞動與資本移動——可以說當時的行會是讓法國社會變得更加貧窮的「主兇」。

「包稅商」（farmers general，法文為ferme général）也是一種「準公務員」組織。國王為了有效收取稅金，因此將徵收稅金的工作委託給民眾。並預告民間徵收稅金的業者之後預計徵收的稅金金額，讓他們以招標的方式競爭，以最高金額得標者，將可獲得六年的徵收稅金業務。得標金額中，大部分上貢給皇室，在這樣的條件下，包稅業者可收取百分之十左右的手續費，這間接使一般民眾的稅金負擔更重、生產欲望更低。包稅商會向國王繳出票據，國王便用票據償還債務，而這些票據又讓包稅商獲得優惠。最後使得包稅業者手中掌握著法國全國的金融大權，也成為相當有人氣的職業。法國大革命時在斷頭臺被處以死刑的化學家安東萬—羅倫・德・拉瓦節（Antoine-Laurent de Lvoisier，一七四三～一七九四）也曾是一名包稅業者。

包稅商向所有從城門進入巴黎的物資徵課「入市稅」（octroi），為了不繳稅金，開始有人在晚上挖洞偷運物品，或用袋子丟進城裡。包稅商發現後，便在巴黎所有街道上蓋了高達三公尺、長達二十三公里的城牆，也就是大家所知道的「包稅商之牆」（Wall of the Ferme générale）。

當時法國稅金的主要來源是直接稅「租稅」（taille）及一七〇一年施行的「人頭稅」，但大部分貴族與神職者為免徵課對象。所以較有錢的平民（中產階級，

bourgeoisie）為了獲得免稅的優惠，便開始購買貴族身分或神職職位。在某個村莊裡，只要一戶的姓氏在稅金繳交名單上的姓氏占百分之八十以上，便可免稅。十七世紀著名喜劇作家莫里哀的作品《中產階級紳士》（*Bourgeois gentihomme*）便是一個反映當時社會情況的作品。

荷蘭與英國的年輕人希望從事製造業或商業時，法國的年輕人卻夢想著成為包稅商、政府官僚甚或貴族。在商業或製造業領域獲得一定地位的人也希望自己的下一代能成為官僚。官僚職位當中，上流階層則希望自己的兒子能成為會計法人的會計師，而較低階層的人則希望自己的兒子能成為書記官。

現在的法國也是處理公務速度較慢的國家。曾有一名新聞特派記者於二〇一八年二月向巴黎警察廳申請居留證，但他卻等了五個月才拿到一張塑膠製的居留證，用韓國駕照更換歐盟駕照，更讓他等了十五個月才下來。

比起電腦，法國人直到現在還是偏好紙本文件；有人說法國人處理行政事務緩慢的原因，都是因為小時候做事就較緩慢，在成長過程中已成了習慣。除此之外，法國人也認為做事快速、簡潔有力的是英美文化，所以有人打從心裡不認同這樣的做事方式。法國人對於「拿多少月薪，做多少事」的想法非常強烈，甚至在處理民眾行政事務的低階公務員之間還有一個檯面下的約定——「慢慢地工作」。因為如果做太快，只會讓大家發現不需要這麼多公務員，為了保住自己的飯碗，所以彼此心照不宣。暑假放一個月、病假很好請，因而導致常出現業務間斷的狀況。公務員工會強勢也是一項不可忽視的因素。拿破崙時代與之後的殖民統治時期，為了能有效管理龐大的海外領土，當時的行政組織相當龐大，因此歷史性因素也不容忽視。人口僅約六千六百萬的法國，公務員卻多達五百六十萬名。

由於公務員相當安逸，因此大多法國人都希望能成為公務員。與不斷發展的德國相比，法國便開始走上落後之路，逐漸成為「歐洲病夫」，這都與前面種種因素脫離不了太大的關係。

那麼，最尊敬、最偏好法官、檢察官、律師及公務員的韓國社會，未來真的能不斷發展，成為一個真正的發展國家嗎？

日本的現況

幕府時代在連接東京與京都的太平洋沿岸道路「東海道」上，有一條運輸茶葉的「御茶壺道中」，這是一條將軍家裡養的老鷹或馬匹走的路。若將軍的馬經過，路上的行人都要低頭、盡量不擋道。只要將軍家裡的物件寫上「御用」二字，不管是石頭還是瓦片，一般庶民都得抱有恐懼之心，要像侍奉主人般去對待。雖然這是不成文的規定，但已流傳許久。一般百姓必須對毫無血緣或關係的武士鞠躬，路上看到武士，還必須讓路；若在店裡遇到更得讓位，同時也不被允許騎自家養的馬。

一六〇三年至一八六七年，德川幕府統治約兩百六十多年間，世人統稱該時期為「江戶時代」。當時韓國為朝鮮時代，雖然以「兩班」和「凡夫俗子」區分了階級，日本以「武士」和「平民」區分身分，身分之間的差異較朝鮮時代更為明顯。武士擁有極大的權威，也視一般百姓為罪人。有一個名為《斬捨御免》的法令，若百姓對武士無禮，武士就算殺了百姓也不會受罰。當時日本政府與平民的關係比武士與百姓之間的關係還要惡化。不只幕府，就連地方貴族的「大名們」也像各地區的小政府般，將百姓視為奴隸，有時候還會施捨自己的「慈悲」。

即使政府與平民之間的生活水準、貧富與權力存在著差異，但身為人類的權利卻不可能有差異。農民務農、生產稻米，撫養了所有人；商人買賣物品，為的是讓社會變得更加便利；這是農民與商人等一般百姓的生活與工作。而政府則應該立法，懲罰犯罪的人、保護善良的人。但江戶時代的政府官僚卻被稱為「御上樣」，也就是被侍奉為「主人」。需要什麼物品時，就以權力作為自己的後盾，不斷向百姓強取。旅行時要求免費住宿、過河時不付船費，更會強搶漁夫或是打零工的人平常喝酒的酒錢。

正因如此，青年們只讀了幾本書，便希望能謀得官職，村莊裡的農夫若有幾百兩的錢，就拿去買官，藉此做更大的生意。日本啟蒙思想家福澤諭吉非常感嘆學校、宗教、農場、養蠶等所有事情都必須獲得官吏的許可，還在著作《勸學》中提到「即使日本有政府，但卻沒有國民。」由此可見，日本國民一直處於弱勢，都是因為從數千年前開始，政府便把全國所有權力都掌握在手裡所導致；從工業到商業，所有大大小小的事情都與政府有關。所以福澤諭吉曾說過「國家就像政府的私有財產，而國民就像國家的食客。」

福澤諭吉是否認為這些與儒教思想有關？在儒教文化當中，將君主比喻為百姓的父母，而稱國民為「臣子」或「赤子」。也將政府的工作稱為「牧民」，更以「牧」作為地方行政單位的名稱。「牧」意指畜養家畜；也就意味著政府把百姓當作家畜般圈養。公然用這樣的方式稱呼，是否就是將職權者視為大人，而把百姓視為小孩呢？

在儒教的烏托邦裡，王的臣子不存在一絲私利己欲，如水般清澈，心如箭般堅定。由於他們對百姓存有深厚感情，因此發生饑荒時，會發放稻米，發生火災會提供金錢補助等，總希望能盡自己的力量去協助百姓、救濟百姓，將百姓生活打造得穩定又太平。所以《論語．顏淵篇》便曾提到：「君子之德風，小人之德草。草上之風，必偃。」指出百姓服從的樣貌軟如綿。當上位者與下位者成為一體，整個世界便會成為太平世界，也將呈現出一個極樂世界的面貌。

然而，從現實生活上來看，政府和民眾之間不可能存在如親戚般的血緣關係，完全是一種與他人的關係。原本與他人的關係，並無私人感情或愛情介入的餘地；在沒有私人感情或愛情存在的關係裡，雙方便會存在著規則或約束，不得已須遵守這些規則或約束，造成雙方在維持關係的過程中可能會互相埋怨。國家的法律也是由此而來。施行德政的君主、行為正確又賢明的臣子、順從的國民，這樣的國家似乎只能是「理想」。中國自周朝便憧憬成為這樣的國家；但截至目前為止不斷改朝換代，都還無法打造出這麼理想的狀況，只有偶爾才會出現被人稱讚為「仁政」的政策。君主的仁政對民眾而言有可能是一件麻煩事，因為仁政可能隨時都會踏上專制政治的道路。

直到十九世紀為止，日本就是屬於從仁政踏上專制政治的例子，當我看到擁有守秩序且素質高的國民、有責任感又有能力的公務員的日本，我感到相當驚訝。這讓我著實感受到日本因為有福澤諭吉等啟蒙思想家引領國民，才能讓我們看到今日的日本國民。

阿根廷的現況

阿根廷國民在二〇一九年十月總統大選時選擇了左派政府，這是右派政府領導阿根廷之後，時隔四年政權重新再次回到裴隆主義*9。左派總統當選人為阿爾韋托・費爾南德斯（Alberto Angel Fernandez）、副總統由克里斯蒂娜・費德南茲・德基西納（Cristina Fernandez de Kirchner）擔任。克里斯蒂娜於二〇〇七年至二〇一五年曾任總統一職，為阿根廷第一位女性總統。克里斯蒂娜在二〇〇三年到二〇〇七年期間，為當時總統內斯托爾・基西納（Nestor Kirchner）的夫人。二〇〇七年前總統內斯托爾突然逝世，克里斯蒂娜便出來競選，並成為總統。內斯托爾與克里斯蒂娜掌握阿根廷政府長達十二年，這段期間民粹主義聲浪大漲，而阿根廷也幾乎走向滅亡之路。

內斯托爾前總統打著走出依賴外資的泥淖、打造獨立經濟的口號，於就任的

9 譯注：裴隆主義，由阿根廷正義黨創始人、前總統胡安・裴隆提出。又稱正義主義，主張中央集權。他認為資本主義和共產主義皆已過時，因此要創立「第三立場」，傾向主張社會主義。

第一年，即二〇〇三年將民間企業郵局國營化。二〇〇四年及二〇〇六年分別使鐵路及上、下水道事業國營化。內斯托爾前總統就任四年間，民間產業便失去了成長活力，國營企業則不斷擴張，也變得更加腐敗。

丈夫逝世後掌握國家大權的克里斯蒂娜擔任總統長達八年，在這段期間裴隆主義更加強大。克里斯蒂娜於二〇〇八年將航空公司國營化；增加公務員人數約兩倍，五名勞工中，就有一名是公務員，每年國民繳納的稅金都用來養這些不工作、錢乾薪的「幽靈公務員」，金額達兩百億美元；此外，還支付三百六十萬名未滿十八歲青少年津貼，用政府補助大幅支援電費及水費；修訂基準，讓國民只須工作二十年便可領取年金，使得領取年金的人數增加到兩倍，二〇〇五年收取年金人數約三百六十萬名，克莉絲蒂娜從總統卸任後隔年，即二〇一六年，領年金人數增加到八百萬人；提供給民間企業的補助與GDP相比，從百分之一增加到百分之五；大眾交通運輸等公共服務費用也有所調降；她還免費提供公立學校學生五百萬臺筆電；為了迎合喜愛足球的國民特性，以國民繳納的稅金支持電視足球直播費。

以國民辛苦繳納的稅金散播自己的善心有一定的界限，因此克里斯蒂娜政府發行新鈔，使得年物價上升率超過百分之三十。這上升幅度逐漸成為負擔，因此政府開始欺瞞國民，聲稱物價上升僅為百分之十，最後統計資料與現實之間的差異過大，以致無法繼續隱瞞，政府便中斷公布部分統計資訊。

通貨膨脹升至百分之四十，國幣披索價值驟降百分之五十。阿根廷央行將利率從百分之四十五調升到百分之六十，但依然無法抑止外資不斷移出。最後，克里斯蒂娜前總統讓阿根廷國內外負債達外匯儲備金的六倍，更讓阿根廷成為負債累累的國家。根據國際貨幣基金組織（IMF）統計顯示，內斯托爾．基西納前總統夫婦分別擔任總統共十二年執政期間，阿根廷政府的公共費用支出與GDP相比，從百分之二十三暴增至百分之四十一；國家負債從二〇一一年的兩千零五十四億美金，攀升到二〇一六年的兩千九百五十五億美金。

毒品般的民粹主義

最後，忍無可忍的阿根廷國民在二〇一五年總統大選選擇了右派政府。毛里西奧・馬克里（Mauricio Macri）總統接下如炸彈般的經濟問題，開始縮減財政。減少了能源、交通補助金，與GDP相比，從原本的百分之四減到約百分之二・五，年金基準也變得嚴格，原本龐大的國營組織也縮編了，還將十九個政府部門縮編至十一個。

馬克里政府持續做出一些舉措，但也帶來了相當大的「副作用」。由於補助金額減少，使得生活費劇增的國民感到憤怒，公務員則害怕自己被解僱，所以每天走上街頭、示威遊行。二〇一七到二〇一八年間，共有四百六十二起示威活動，教師也曾罷工達七十二小時，要求薪資調漲百分之二十四。教授公會也要求調漲年薪百分之三十，政府原本堅持僅可接受百分之十五的調漲幅度，但最後卻以百分之二十五妥協。

福利變少，庶民的生活因而變得更加困難，消費鈍化，成長也停滯。最終導致阿根廷政府於二〇一八年向國際貨幣基金組織申請史上最高金額的金援——五百六十億美元。若阿根廷政府想符合前項金援條件，只有加強緊縮政策這一條路，但卻引起阿根廷國民反感情緒更加高漲。深怕錯失此次機會，二〇一九年十月總統大選時，左派候選人阿爾韋托．費爾南德斯便打出將緩減緊縮政策、擴大福利範圍的政治牌，並再次提出民粹主義政策。當時，阿根廷國民都支持費爾南德斯的政見，最終選擇左派總統。民粹主義就像中毒一樣，一旦中毒，便會深陷它的香氣裡，無法輕易擺脫，阿根廷的總統大選就是其中一個例子。

在總統大選結果發表以後，阿根廷央行為了預防美金退潮勢如江河，因此將個人可以現金購買美金的額度限制在每月一百美元以下，進一步發表外匯市場控管處置政策。

裴隆主義

阿根廷的危機在於公務員人數增加及劇增的福利費用。左派政權的歷任總統為了解決金融危機，選擇了最簡單的方法——增加工作機會，這個工作機會就是增開公務員職缺。公務員問題是阿根廷倒債危機的主因之一。

公務員人數一旦增加便難再縮減。他們手中掌有預算及資訊，因此非常容易就能提出增加公務員人數、擴增組織的需求根據；如果再考慮到公務員年金，可想而知，財政支出相當龐大。更大的問題是民間職缺不斷萎縮。公務員人數增加，規定便會增加；民間領域便會受到壓迫，導致民間工作機會增加不易，這其實是難以跳脫的惡性循環。

試想，三分之一的人口為貧困階層，阿根廷政府為了獲取這些人心，盡快支付福利補助津貼，這也是阿根廷發生經濟危機的原因。為擴大福利而增加公共成本，進而使得財政出現赤字。阿根廷申請金援是「慣例」，政府於一九五八年首次申請一億美元，到二〇一八年已經申請了二十二次，等於每三年就申請一次。許多經濟學者認為阿根廷走向「慢性破產國家」之路是受一九四〇年代開始的裴隆主義影響而導致的。

裴隆主義（Peronismo）被認為是現代左派民粹主義的起始，最具代表性的為南美型左派民粹主義。一九四六年胡安・裴隆（Juan Domingo Peron，一八九五～一九七四）前總統及第一夫人伊娃・裴隆（Eva Peron，一九一九～一九五二）開始宣揚這項社會民主主義。裴隆主義推動勞動政策、低所得階層福利政策與擊敗外國勢力等主張。裴隆政府為使阿根廷實現經濟獨立，不斷打擊外資，並將鐵路、電話、瓦斯、電氣、航空公司等國營化。為了增加勞工收入，積極「補助」現金，某年勞工薪資還調漲百分之二十。雖然能使得貧富差距短期內暫時縮小，但在產業穩定度、提升生產力的部分卻遭遇滑鐵盧，最後導致阿根廷深陷經濟不景氣的泥淖。

由於所有事情須經裴隆前總統決定，使得政黨或議會無法運轉順暢，貪婪醜聞也是常見之事。裴隆在擔任總統期間所募集的財產有一千兩百塊金塊、一架飛機、兩艘遊艇、十九輛汽車、十七棟公寓、一千五百塊貴金屬，第一夫人艾娃・裴隆的奢侈生活更加不容小覷。

胡安・多明哥・裴隆分別曾於一九四六年至一九五五年、一九七三年至一九七四年期間擔任總統。一九四三年，裴隆為陸軍上校，由於參與軍事政變成功，便被任命為勞動部、福利部長官，當時他調漲勞工薪資、擴大福利。裴隆在這段期間成功收取人心，拉攏勞動階層，因此在一九四六年大選中順利當選。一九五五年他再次進行軍事政變，一九七三年回國後再度擔任兩年的總統。

許多學者認為一個世紀前還是經濟大國的阿根廷變得如此衰弱，便是裴隆主義所導致。實際上，阿根廷經濟在一九七〇年以後，便無法從困境中走出。但即便如此，阿根廷每到大選，裴隆主義總會捲土重來，而這也是因為「艾薇塔效應」所導致。

阿根廷別為我哭泣！

裴隆妻子伊娃的暱稱為意指「小艾薇」的「艾薇塔」。一九七六年，繼英國音樂劇作曲家安德魯・洛伊・韋伯（Andrew Lloyd-Webber）製作英國音樂劇《艾薇塔》後，一九九六年英國導演亞倫・帕克（Alan Parker）也邀請歌手瑪丹娜擔任主角，拍了同名電影，自此之後，音樂劇《艾薇塔》便在全世界獲得眾多關注。音樂劇中艾薇塔所唱的〈阿根廷，別為我哭泣！〉（Don't cry for me Argentina!）雖然在全球粉絲的心裡是一首悲傷卻又美麗的歌曲，但現實中的艾薇塔則是阿根廷的「災難」；這也是現實世界的罪惡在藝術中被荒謬地美化的活生生例子。阿根廷經濟因為裴隆主義而失敗，但音樂劇及電影《艾薇塔》卻讓伊娃・裴隆在阿根廷貧困階層心中留下「永遠的聖女」的印象。

伊娃・裴隆是出生在小村莊的私生女，十五歲時前往布宜諾斯艾利斯，曾做過酒吧舞者、廣播員等，後來才成為演員。一九九四年，伊娃．裴隆在一次地震受害民眾救濟募款的活動中，第一次與時任勞動部長官的胡安．裴隆相遇，隔年兩人便攜手走入結婚殿堂；當胡安．裴隆當選總統後，伊娃便成為第一夫人。伊娃熱中於福利事業及義工活動，深獲大多貧困勞動階層的支持，也是胡安．裴隆最強大的政治武器。伊娃．裴隆從一名貧窮農夫的私生女到國家第一夫人，人生如戲，此外，她的人生經歷及為勞動者的無私奉獻福利活動，皆使她獲得高人氣。

一九五二年，伊娃．裴隆深受國民推崇，差一點就要成為副總統候選人時，卻被診斷出癌症末期，三十三歲因病過世。伊娃．裴隆的遺體獲得聖女般的待遇，以比照國家元首等級進行國葬。她被貧窮勞動階層推崇為聖母，但實際伊娃．裴隆的詐欺行為卻是凡人不可想像的。她非法侵占金錢，並藏於瑞士銀行的機密帳戶裡，日後還被公諸於世。阿根廷輿論人士托馬斯．埃洛伊．馬丁尼茲（Thomas Eloy Martinez）曾以「艾薇塔效應」和古巴革命核心人物「切．格瓦拉（Che Guevara，一九二八～一九六七）症候群」說明：「拉丁美洲的政治神話持續時間比起其他區域特別長」。

二十世紀唯一從已開發國家被淘汰的國家

阿根廷是二十世紀唯一從已開發國家被淘汰的國家，因此一直都是經濟學界的研究對象。

一九七一年獲頒諾貝爾經濟學獎的經濟發展論之父顧志耐（Simon Kuznets，一九〇一～一九八五）曾表示，全球國家可分為四種類型：已開發國家（developed）、未開發國家（underdeveloped）、日本類型及阿根廷類型。日本在一個世紀內克服未開發國家的層層障礙，成功擠身已開發國家；而阿根廷卻走相反路線，從已開發國家墜落至未開發國家的行列。英國《經濟學人》也曾提到「不提共產體制的沒落，二十世紀最大的經濟失敗案例是阿根廷」。

一百年前的阿根廷人均GDP為全球前十名，是著名經濟強國。透過肥沃的彭巴草原生產大豆、小麥、玉米及牛肉等農產品，逐漸累積國家財力。

當時阿根廷經濟之富足，可藉由藝術作品得知：由童話改編成著名動畫的《萬里尋母》便是一個例子，義大利作家愛德蒙多・德・亞米契斯（Edmondo De

Amicis）的著作《愛的教育》（*Cuore*，一八八六年出版）裡也收錄了相關的長篇小說。故事是住在義大利日內瓦的少年馬可・羅西為了尋找遠到他鄉工作的媽媽，因此踏上搭船三萬里之路，最終馬可・羅西歷經千辛萬苦之後，與媽媽順利相逢。馬可・羅西的媽媽是一名家庭保母，在布宜諾斯艾利斯工作。

如果想想現今經濟狀況告急的阿根廷，便會對於故事中從義大利前往阿根廷工作一事感到相當驚訝。但當時阿根廷是全球十大經濟強國之一，薪資更達當時全球第一大強國英國的百分之九十五，首都布宜諾斯艾利斯也被譽為「南美洲的巴黎」。一九一三年都市中心第一條地鐵路線開通，全國主要區域也建有鐵路網。十九世紀後半，因阿根廷的勞動力不足，開始接受來自西班牙、德國與義大利等歐洲各國的移民。然而，阿根廷過度依賴農業、畜牧業一級產業，疏於發展製造業等二級產業，導致經濟能力下滑，最後才落到今日國民所得只有一萬美元左右的開發中國家的局面。過度的福利民粹主義也是造成阿根廷國力惡化的主因。

韓國必須借鑑阿根廷經驗。若根據顧志耐的分類法來看，一個世紀內便從未開發國家成為已開發國家的韓國，應屬於先前提到的「日本類型」；但從政府強制規定最低薪資或勞動時間、向所有階層發放現金等福利政策等層面來看，韓國又與阿根廷相當類似。我很擔心韓國是否也會走向和阿根廷一樣的路。若真的變成這種情況，韓國便會成為「一個世紀內從未開發國家成長為已開發國家，但又沒落為未開發國家」的唯一國家，也將成為顧志耐所說的第五種類型。

·*08*·

企業消失的國度，反烏托邦

在黑暗中發出磷光的反烏托邦世界並不僅存在於科幻電影裡。試想，街上商家的大片落地窗被畫上紅色X，又被貼上「出租」標籤，電力不足導致燈光灰白的便利商店架上擺放著數量稀少雜亂的商品，不知道何時熱水會被切斷所以洗澡時總是戰戰兢兢——這些都是企業消失後所要面對的現實，就是如此的反烏托邦世界。

美國小說家兼哲學家艾茵・蘭德（Ayn.Rand，一九〇五～一九八二）曾在小說中以極具說服力的論點寫到，若企業消失，也就是資本主義沒落時，人類迎來的便是反烏托邦世界。藍燈書屋於一九九九年進行「一百本二十世紀偉大書籍」問卷調查時，艾茵・蘭德在一九五七年出版的小說《阿特拉斯聳聳肩》（*Atlas Shrugged*）占據第一，為暢銷巨作，在美國銷售兩千萬本，更被美國人譽為繼《聖經》後第二本喜愛的書。但該書對韓國讀者而言卻是較陌生的小說。二〇〇三年韓國出版社敏恩寺出版了一套五本的翻譯本，但由於內容以新自由主義思想為基礎，人們也將此與極右派思想連接，所以當時在出版市場上並未獲得好評。在太英浩於二〇一八年出版的《三樓書記室的暗號：最貼近平壤權力中心，前北韓駐英公使太英浩的證詞》之前，很難在韓國書店裡看到右派思想的書籍。

該小說描述，受到法律及規範壓抑，企業逐漸消失並走向反烏托邦世界的美國。原書名為《阿特拉斯聳聳肩》，即是阿特拉斯拒絕將地球的未來責任擔在自己肩上。阿特拉斯是希臘神話裡以雙肩支撐上天的巨神。蘭德在小說裡將帶領世界成長的知識人士、菁英及企業比喻成阿特拉斯，若他們一動，那麼後果便會像阿特拉斯聳肩一樣，天會倒塌、世界也會滅亡。

小說主角為鐵路公司總裁達格妮．塔格特與鋼鐵業鉅子的戀人漢克．里爾登，想要對抗沒收他們生產的產品並掠奪公司經營權的國家。他們聽到謎一般的人物約翰．高爾特勸告數個企業高層，放棄公司並在世界上消失。但某一天塔格特與里爾登卻在一個廢棄工廠裡發現奇怪的電子引擎，才得知消失的企業高層與高爾特一直躲在某個峽谷裡。他們躲藏的地方雖然是峽谷，但說起來也怪，因為讓人聯想到現在的矽谷。但小說問世於一九五七年，當時沒有電腦、也沒有矽谷。

高爾特在峽谷裡主導反政府活動，在廣播節目聽到掠奪資源的政府宣布自己全軍覆沒；小說結尾中，所有人都以理性及個人主義哲學為基礎，計畫打造一個全新的資本主義社會。

以推理形式說故事的《阿特拉斯聳聳肩》是政治小說，也是啟蒙書籍。書中以刁鑽刻薄的筆法批評一九三〇年代民主黨所主導的新政，並不斷指出左派思想核心，即公平主義的問題點為何。該小說出版時，曾在美國社會掀起一股軒然大波，可謂反對「政府介入市場」的自由主義理念的「文學版」。

艾茵．蘭德是一九〇五年出生於俄羅斯聖彼得堡（前蘇聯的列寧格勒州）的美籍猶太人。她生長於富裕家庭，過著一帆風順的生活，但由於一九一七年發生俄國十月革命，蘭德與家人也受到波及。原本蘭德與家人居住的公寓一樓是蘭德父親的藥局，某天下午武裝軍人闖入，在藥局門前貼上了紅色標籤，也將藥局裡的時鐘及個人財產沒收充公。公寓陽臺下每天都有人喊著革命萬歲，也有人喊著「勞工世界即將到來」的口號，示威聲浪不斷。當時年紀還小的蘭德眼看自己父母數十年的努力，在一夕之間成為素未謀面的陌生人、毫無付出的人的共同財產，她無法接受這種共產主義思想。當蘭德發現共產主義是「為了不努力的人們，每天不斷努力的人卻得不斷犧牲」的體制後，便決定要用自己的一生與其對抗！

艾茵．蘭德提出了自己對於資本主義的新解釋，她曾說過「資本主義這一概念並不包含『公共利益』」。因為她認同原本資本主義的財產權等為個人所有的權利，「公共利益」不是實行資本主義的目的，而只是資本主義會造成的結果罷了。

當《阿特拉斯聳聳肩》出版當時，美國財經界對於凱因斯及海耶克的理論爭論不休，蘭德所提出的思想在根本上與海耶克提出的哲學較類似。海耶克在一九四四年出版《通往奴役之路》（*The Road to Serfdom*），書裡主張協助弱者的溫情主義與福利制度最後只會使個人變得怠惰、形同奴役。海耶克以集權主義及共產主義為例，強調了競爭消失後平等主義的「副作用」，以及因競爭、自私所產生的美德。還說「若政府為了窮人提供免費餐車或類似福利制度，這些窮人雖能立即解決饑餓問題，卻會讓個人的自主性變弱，反而讓窮人依賴政府、不斷向政府索取。如果不努力也能餵飽肚子，人類只會變得墮落，最後奴役的本質便會根深柢固扎根在他們身上。」

某年初冬，正在進行彈劾政府活動，在大雪紛紛的灰色陰暗天空下，首爾光化門廣場上有一輛停在某工會的示威遊行隊伍旁邊的紅色巴士，這輛巴士設計新奇，令人印象深刻，因為上面寫著「拘捕朴槿惠*10」、「一起拘捕財閥」。沒想到韓國市民為了示威，將整輛巴士重新設計上漆，資本力量真的不容小覷！但沒想到現在的韓國政府卻希望打壓資本，打造一個反烏托邦的世界！

10 譯注：朴槿惠於二〇一三年至二〇一七年擔任韓國總統。

Ⅱ數位資本主義

09 勞動平臺的時代

·09·
勞動平臺的時代

誰是資本家？誰是勞動者？

以前我要出版書籍時，必須帶著原稿並花交通費和時間前往出版社；但現在只要坐在家裡，用電腦傳輸檔案，便可完成所有交稿流程，出版社也不再需要僱用過多員工，只要將案子發給自由工作者的編輯與美術設計即可。這些人是「自由工作者」，其實也是「彈性勞動者」。在各個領域，將部分生產及分銷過程「外包」的趨勢正不斷的增加，增加速度也相當快。

然而，就算是自由工作者，也知道哪裡有工作機會，因此需要有連接自由工作者與工作機會的「媒介」，而「平臺」便是這個媒介。

讓我們想想二〇〇七年史蒂夫·賈伯斯（Steve Jobs）帶著 iPhone 亮相，讓全球都感到驚訝與衝擊。賈伯斯並不算完全創造出新的產品，也不是「無中生有」（ex nihilo）；因為早在 iPhone 問世的八年前，即一九九九年，便有第一支智慧型手機上市，然而，人們早已忘記第一支智慧型手機是它。賈伯斯在既有的產品加入新的服務，開發出讓人驚訝的新產品；因此雜誌撰稿人麥爾坎・葛拉威爾（Malcolm Gladwell）曾公開表示，比起設計或經營，賈伯斯的天賦在「編輯」（editing）上發揮得更淋漓盡致。

史蒂芬・賈伯斯在手機上裝載的新服務就是「應用程式」（application，或稱 APP），APP Store 就像裝在手機裡的市場。「iPhone 衝擊」（iPhone Shock）讓全球驚豔，在於賈伯斯將手機當作平臺，連接手機市場。如果沒有 App Store，賈伯斯的 iPhone 應該不會取得如此耀眼的成功。因為 APP Store 的出現，蘋果公司才擁有創新企業的形象。蘋果公司為了讓所有人創造應用程式，便公開製造應用程式的工具（tool）及原始碼（source），打造出我們所謂的「平臺」。在這個平臺上，使用者們能以低價使用各種有趣又有用的應用程式，程式開發者也可以低廉成本進入市場，進而創造可觀收益。蘋果公司則不開發任何東西，只開放這個市場，並收取相對的手續費。

iPhone 問世已有十年，現在手機商務已經由平臺引導整個市場。二〇一九年第一季，iPhone 的 App Store 及安卓手機的 Google Play 上登錄的應用程式分別為一千八百萬個及兩千一百萬個。

平臺原本指火車站鐵道上方便讓乘客搭車、下車的地方，由水泥製成，高度適中。就像乘客從平臺上不斷來往地搭火車，現在的平臺也連接了使用者與生產者，進而創造收益——這也就是「平臺經濟」。

當然，在傳統的經濟體制下，也有利用網路交易資訊或資源的平臺。舉例來說，工作仲介所就是交易勞動的平臺，銀行就是交易資本的平臺。沃瑪特（Wall Mart）也只是空無一物的四方形空間，雖然不製造任何產品，但依然有各種企業的產品就如同搭火車的乘客進入，把整個空間填滿，再由消費者做選擇。

在工業社會以前，也有類似平臺經濟的僱用型態——即「散作制度」（putting-out system）。商人事先提供手工匠人原料及部分費用，當產品完工時再支付剩餘的費用，這就是家庭手工業的勞工體制。簡單來說，在整個產品完成之前，先向製作產品的人支付部分產品的價值；這是最近盛行的「外包」或「發包」型態的起源。

平臺勞工的主要特徵在於自律性及獨立性。勞動者可選擇工作場所與時間，根據狀況也可自由選擇工作內容。由於平臺勞工具有自律性，因此這些勞動者可參與勞動市場，就連已經擁有正職的上班族也可以此為副業，正在育兒的媽媽或撫養失智父母的中壯年族群也可透過零碎時間獲取個人所得。根據勞動類型不同，退休者、高齡族群或身障人士也能從事副業。

在勞動平臺中，雇主與勞工之間的支配從屬性變弱。那麼，平臺經濟在現代社會當中，到底誰才是資本家？誰才是勞動者呢？

數位平臺時代

數位時代的平臺並非看得見的物品，而是在短時間內於網路上連接資本、生產手段、不動產、勞動力等所有經濟資源的平臺。仲介資本（finance）交易的數位平臺被稱為「金融科技」（fintech），連接閒置生產手段或不動產的數位平臺被稱為「共享經濟」（sharing economy），仲介勞動的數位平臺被稱為「零工經濟」（gig economy），也有類似亞馬遜的「土耳其機器人」（Mechanical Turk）*11等連接電腦專家的平臺；這些被連接的勞工便是「平臺勞工」。我們常見的 Google、Naver[12]、Facebook 及 Twitter 等雖不存在勞工與雇主的關係，但它們也都算是「平臺」的一種。

提供勞力的一方與需要勞力的一方並不會直接簽訂契約，連接雙方的是平臺公司。這些公司沒有直接提供服務，而是讓各領域的業者進到平臺，透過平臺向消費者提供服務。韓國有一個名為「Kakao T」的計程車平臺，這個平臺連接計程車司機與乘客，提供交易服務；海外則有 Uber 及 Airbnb 等數位平臺存在。

Airbnb 於二〇〇八年出現，原本以提供人們低廉的旅遊商品為主，因此透過民宿提供服務；經過十一年後，現在 Airbnb 服務已大大不同，而變成另一種新的事業模式。原本服務目的在於提供比飯店價格還要低廉的住宿，但現在卻擴大到高級住宿，服務內容擴大到義大利托斯卡尼（Toscana）偏遠地方的別墅、紐西蘭的

11 譯注：亞馬遜土耳其機器人（Amazon Mechanical Turk，簡稱 MTurk），以外包人力針對系統提供的資料，進行檢查、加工等工作。

12 譯注：韓國最大的網路公司，經營搜尋引擎。旗下最具代表性的事業體，為全球知名通訊軟體 LINE。

滑雪住宿、法國鄉下的城堡等兩千多個奢華住宿供消費者選擇。

起源於美國舊金山的 Uber 也從原本的個人車輛擴大到公車、地鐵、火車等大眾交通運輸。舉例來說，假設一名上班族的公司與住家距離十幾公里，上班時可先從家裡搭乘 Uber 計程車到地鐵站，搭乘地鐵到目的地的地鐵站後，再利用共享電動腳踏車到公司上班，這中間所有流程與服務都可以在同個應用程式上預約並付款，這項服務名為「Uber Transit」。目前服務提供區域為美國舊金山、法國巴黎及墨西哥都市。提供該服務的公司為了解決安全問題，也建立了相當具有開創性的方案：抵達約定地點的駕駛人必須輸入乘客提供的四位數代碼才能開始駕駛；應用程式裡還搭載了申報功能，當搭乘 Uber 的過程中發生緊急狀況時，乘客只須輕滑應用程式畫面，便可向警察局撥出緊急求救電話，並一次傳送車輛車型、車牌號碼及當下位置。反觀韓國，目前因計程車業者的反對，連共享車輛都還無法實現。

平臺經濟與游牧

不斷移動並追求變化的現代年輕人並非草原上的游牧民族，而是活動於「柏油路」上的游牧民族；因新自由主義所產生的分工現象，「國境」的概念也變得模糊。

「游牧民」（nomad）原本是吉爾・德勒茲（Gilles Deleuze，一九二五～一九九五）所使用的哲學概念，但因為賈克・阿塔利（Jacques Attali）而成為解釋現代社會的關鍵字。現代社會的游牧民並非指單純的空間移動，而是稱呼不受特定生活方式約束，追求改變、追求新人生的現代年輕人。

約六十年前，加拿大媒體輿論家麥克魯漢（Herbert Marshall McLuhan，一九一一～一九八〇）在一九六二年出版的《古騰堡星系》及一九六四年出版的《認識媒體》等書當中，首次使用了「地球村」（Global Village）一詞。麥克魯漢還說，隨著電視的出現，全世界的人可即時觀看同一條新聞，全世界就像在一個村莊般親近，更預言「所有人將使用電子產品，成為快速移動的游牧民」。阿塔利在這樣的說法上又添加了電腦層面的看法，他認為二十一世紀充滿數位裝置，全球也將步入數位傳播游牧民的時代。

果不其然，對現代社會而言，「場所」變得不再重要，在不同行業中，隨時隨地都可工作的「智慧工作」變成現實。即使不到公司上班，也能上網連接公司內部電腦系統，編輯、閱覽與工作相關的檔案，利用即時通訊及 Google sheet（工作表）等方式，同時與不同地點的人進行共同業務，不用進辦公室，也不用窩在家裡，甚至還可以考慮到星巴克工作。就如同在大草原或沙漠的某一處搭帳篷、鋪上溫暖的羊毛毯後可處處為家，現代人只要有一支智慧型手機在手，隨時隨地都能確認自己的工作，還能進行創作及娛樂。

隨著 Twitter 及 Facebook 等社群軟體、Netflex 等影片串流媒體服務活化，讓游牧趨勢發展更快速。現在不再需要保管大容量伺服器的辦公室，也不用擔心非法複製，更不用花昂貴的價錢安裝軟體，數位系統的出現，讓數位游牧民不再受時間、空間制約，也不須停留在特定一處。現在的游牧民不用待在自己的國家生活，隨著全球合作水準的完善，「地球村」一詞不再只是比喻，已成為現實生活。

iPhone問世時，雖然預測再過兩年，約有百分之三十的全球經濟活動人口將在家裡或自己想要的地方工作；但其實我們的世界變化速度並非想像中的快。截至目前為止，在公司規定的位子上辦公依然是大趨勢，但不可否認的，工作的方式與生活模式的發展已與過去截然不同。

傑瑞米・里夫金曾在著作《開放時代》（*The Age of Access*）中提到「現在的市場將在二〇五〇年時完全消失，屆時將由網路經濟取代」。這裡所說的「網路經濟」體制下，比起擁有某個物品，租借使用的情況將更為普遍，因為市場將無法跟上即時交換資訊的網路擴張速度，如果擁有某個物品，反而會導致損失。透過網路租借電腦硬體及軟體的雲端技術便是最具代表性的例子。過去，若我們想要增加伺服器（大型電腦）的數量，必須花上幾個月才能完成，但如果使用亞馬遜的雲端服務，幾分鐘內便可租借數千臺伺服器。

雖然看起來與游牧民假說似乎相反，但我覺得人們開始重回家裡。工業革命以後，原本必須離開家裡、前往工廠或辦公室上下班的現代人，現在因為雲端技術及智慧型機器的快速發展，將回到工業革命以前的生活，開始回到家裡工作。若依照這個趨勢，人類有可能會重返「爸爸每天都與家人一起在家的家庭代工產業時代」。

如同德勒茲將哲學家尼采歸類於游牧民一樣，游牧民並不單純指在空間移動的人；因為在任何場域，我們都能旅行，而在這樣的強度下，旅行也存在。不只是空間層面上移動的人，不論移動與否，跳脫主流慣例框架的人們都可被稱為游牧民，這也將更加深個人主義的發展深度與速度。

零工經濟

零工經濟被認為是一種新的經濟模式。「零工」（gig）指的是非公司聘用的勞工在他想要的時間做想做的工作的彈性工作方式，就像是共享車輛公司 Uber 及電商交易公司亞馬遜等利用一般人擔任司機及外送人員。網路直播主持人（VJ）、youtube 創作者、韓國餐點外送服務「外送的民族」上的 Baemin 騎士或 Kakao 代駕司機並未受僱於某家公司，而是具獨立性、視情況工作賺錢的自由工作者，即所謂的零工工作者（gig worker）。零工工作者正擴大到教育、清潔、軟體開發等領域，從正面來看，就業門檻低，且能依照需求決定工作量，但從負面來看，有工作不穩定、薪資停擺等不確定性。

零工這一詞，源於美國一九二〇年代，爵士酒吧邀請表演者到店裡進行短期演出。要在酒吧演奏爵士樂，就需要歌手及樂團，酒吧若有自己的專屬樂團，不管有沒有演出，每個月都必須支付他們薪水，這使得經營者的經濟負擔不斷增加。因此，當時將邀請樂團進行短期演出的行為稱為零工，最後這一詞衍伸為「臨時的工作」的意思。

如同美國經濟大恐慌時期的爵士酒吧一樣，現代的企業對於僱用過多終生職員感到壓力。新時代的勞工也不希望自己一生都被束縛在同一個職場，也希望能擺脫人際關係的壓力及過重的業務。因此，公司開始在合適的專案上，尋找適當人才做短期工作，專案結束時小組也跟著解散，勞工也能在自己希望的時間做自己想做的工作，還能配合自己當時的狀況，有彈性地執行業務，因此滿意度很高。這種種適應與變化，大多以數位技術為基礎才能實現。

專欄作家莎拉・柯絲勒（Sarah Kessler）的著作《終結失業，還是窮忙一場？：擺脫了打卡人生，我們為何仍感到焦慮，還得承擔更多風險》，從 Uber 熱潮看到零工經濟轉型。在舊金山，除了 Uber 與來福車（Lyft）等共享乘車服務，也有 TopTal 及 Graphite 等資深工作者的工作平臺。在 Graphite 平臺上共有五千兩百多人登錄，約一千多間公司在有需要時會僱用上面的勞工。勞工不再被拘束於固定場所，隨時都能移動。摩根史坦利公司（Morgan Stanley）預測二〇二七年將有一半的美國經濟活動人口是零工經濟型態工作，可想而知，「工作的人類」的生活也將會有所改變。

韓國也開始出現比起正職更想在需要時暫時工作賺錢的平臺勞工。由一般人配送包裹的「Coupang Flex」、配送食物的「Baemin Connect」等皆為代表性例子。LG Uplus 最近也推出「Dver」服務，家庭主婦、上班族、學生只要下載應用程式便可成為快速配送司機。這些人被分類為介於自營及公司員工中間的「特殊僱用勞工」。根據韓國勞動研究院於二〇一九年三月發表的報告內容指出，韓國特殊僱用勞工人數共兩百二十一萬人，占整體就業人口（兩千七百零九萬人）的百分之八・二。

希望進行零工工作的人們大多為使用智慧型手機的二十歲至三十九歲之間的年輕世代，這群人喜歡「想工作時工作」，並且重視工作與生活的平衡。他們不喜歡看上司臉色或每天上班等職場生活的制約，因此對零工勞工身分並沒有太大的抗拒。

零工工作與企業理念也符合，為了在全球供給過剩的無限競爭裡生存，企業必須盡力節省成本，因此除了核心的技術開發、設計、行銷業務，大部分偏好外包。不設工廠的企業也逐漸增加。在現有產業環境經營計程車公司，必須購買大量計程車並支付月薪僱用司機，但像 Uber 透過應用程式連接消費者及司機，讓這些擁有私人車輛的人可利用應用程式，在自己想要的時間營業。目前全世界約有七百個都市、有三百九十萬名司機為自由工作者，皆簽有短期契約。

民宿飯店業也大同小異。在現有的產業環境下，如果想讓觀光客租借住房，就必須開一間飯店或建設住宿設施，還得僱用員工，在每間房裡放置床組及各種所需日常用品。但 Airbnb 卻只連接了租客與房東，事業就如此簡單的運轉了。英國的送餐服務「戶戶送」（Deliveroo）也是一樣，配送員也透過應用程式在想要的時間與區域配送食物，藉此收取手續費。DIY家具的代名詞——宜家家居（IKEA）也收購了介紹組裝家具人力的應用程式，因為宜家知道人們覺得自行組裝家具很辛苦。

在已開發國家裡，十名勞工中就有一名是以數位平臺工作為主的零工勞工。二〇一八年一整年，全球零工經濟成長了百分之六十五。歐美境內的零工經濟勞工與經濟活動人口相比，預計約達百分之二十至百分之三十。《經濟學人》雜誌更預測十年後的全球人口有一半將為自由工作者。二〇一六年麥肯錫報告也預測零工經濟的附加價值將在二〇二五年達到二兆七千億美元。Uber 的淨銷售更在六年內成長了快一百倍。

二〇一五年，美國失業率為百分之五．一，已接近完全就業狀態；該程度的失業率意味著每個月平均必須增加二十萬個工作機會。然而，工作機會的增加數量僅停留在十六萬個左右，那麼剩下的四萬多個工作跑去哪了呢？答案就在零工經濟。提供勞動服務但又不被統計的獨立型勞工正補足了這塊，這些人雖然名為勞工，但由於不屬於任何特定組織，因此大多被視為自營業者，Uber 司機便是最具代表性的例子。

當然，零工經濟既有其優點，也有缺點：第一、由於知識與才能來自外部的獨立個人，較難達到統一品質水準；第二、兩極化問題——可能分化成參與高專業知識工作的高所得群體、參與單純且低熟練度工作的低所得群體；第三、相對較難獲得社會安全網協助，因為這些人並無法獲得最低保障薪資、職災保險、年金等各種福利優惠。

想重回正職的傾向

車輛共享業 Uber 及 Lyft、飲食外送業 Doordash 等，常因節省人力成本而不斷遭受「濫用『獨立契約』關係、剝削勞工」等批評。加州政府為了規範相關業者，於二〇一九年九月通過了《AB5》之僱用有關法條，法條重點為：規定以「獨立契約」資格工作的現有契約職、臨時勞工在符合一定條件時，應將之聘為正職員工，並給予相應薪資及福利。該法條施行日為二〇二〇年一月一日。

該法條利用「ABC分類法」訂定了三項嚴謹的條件：員工不執行公司核心業務、不受雇主指示或控管、僅能在擁有獨立業務或職務時才被列為獨立契約工作者。若無法符合上述三項條件，必須將所有勞工聘為正職員工，給予最低保障薪資、加班費，並享有健康保險及給薪假等福利。

Uber與Lyft總公司皆設置於美國加州，目前光在加州境內就有二十萬名以上的Uber司機、三十二萬五千名的Lyft司機，但加州州政府卻不斷站出來打擊兩家業者，這兩家業者突然面臨必須僱用數十萬名勞工為正職員工的情況。若該法條適用，Uber每年必須追加每名司機一年約三千六百二十五美元的費用——這也意味每年數千億元的收益將會大幅縮水，正因如此，原本被評為全球最創新企業的Uber股價開始暴跌。

最近剛萌芽的新事業模式——零工經濟——也因而遭受龐大威脅。一些在零工經濟基礎上，原本在任何時間、做想要的工作賺取金錢的人，都感受到這一波波「餘震」，但也有另一派人士賦予這樣的變動另一波希望，認為假借「創新」一詞，正被不斷侵害的勞動基本權，將再度恢復契機。

另一方面來看，Uber 司機贊成保障最低薪資、加班費及健康保險等部分，但也不難發現他們不想成為特定公司職員的心理，也就是不希望讓零工經濟的核心——自由與彈性遭受侵害。因為 Uber 司機這個工作能決定自己的工作量，做多做少完全取決於自己，甚至也能休六個月的長假，而且沒有上司，錢可以馬上進口袋，所以即使收入低，也有大批司機爭相加入。若這樣的優點消失，那就與現有的事業模式沒什麼兩樣了。二〇〇九年 Uber 成立時，若一開始便僱用司機為正職員工，也不可能發展成橫跨全球六十多個國家、七百多個都市、使用者超過一億名的全球性服務了。

現代社會裡，人工智能電腦、機器人、無人機與3D印表機接連問世，人類的工作不斷遭受威脅，相信所有現代人都能感受到「一生只在一間公司工作的正職員工」時代已經走向盡頭了。

人工智能與工作機會

人工智能（AI）、機器人及3D印表機正不斷快速發展、成長。二〇一六年三月，韓國圍棋九段李世乭曾大戰谷歌 Deepmind 人工智能 Alphago，歷經五盤對決後，李世乭輸了四盤，當時讓許多人感到衝擊。目前在醫療、法律等領域已活用的 I B M華生（Watson）人工智能，而在中國人工智能還通過了醫師考試，蘋果公司的 Siri、亞馬遜的智能助理 Alexa、微軟的語音秘書 Cortana、韓國三星的 Bixby、韓國 SK Telecom 的 NUGU 等人工智能也已商業化，無人駕駛汽車也正在快速地發展，位於日本長崎以荷蘭村為主題的「豪斯登堡日航酒店」（Huis ten Bosch）也有機器人執行所有工作。未來，公務員的工作也有被人工智能取代的可能，使用人工智能處理行政業務時，其效率及經濟效應更高，也能縮減公務員人數。

日常生活中，隨著人工智能的發展，使用的情況越來越多，人類的工作問題便成為眾人關注的議題。二〇一五年舉辦的世界經濟論壇上曾預測，截至二〇二〇年為止，以一般事務及行政職為中心，將會有七百一十萬個工作消失、兩百萬個新工作出現。以目前的技術來看，將可能有百分之四十五的工作會消失，但從另一個角度來看，未來也將出現新的工作與公司。

從很久以前，便有許多人不斷討論技術的進步與工作之間的關係。馬克思主義思想家們對於機器取代人類工作一事持有較悲觀的態度。凱因斯於一九二三年出版的《貨幣改革論》裡曾提到因技術發展而導致的失業，一九七三年獲頒諾貝爾經濟學獎的瓦西里・列昂提夫（Wassily Leontief，一九〇六～一九九九）便曾在一九八三年說過「電腦將取代人類的角色」。以《終結》系列作品著名的里夫金在一九九四年的著作《勞動的終結》中預測人工智能與自動化將減少人類的勞動，收取低費用的臨時工作將會增加。但法國經濟學者讓・巴蒂斯特・賽伊（**Jean-Baptiste Say, 1767~1832**）卻完全不這麼想，他認為技術發展將提升生產力、價格下滑，最後增加商品需求，之後又會因商品需求增加，使得生產及僱用增加。

從歷史上來看，機器與自動化替代人類勞務只是一時的現象。從長期上來看，技術的進步反而增加了工作機會，技術的發展並不會單純替代人類勞務或是創造工作機會，可能間接使得高專業工作及生產組織產生變化。如此一來，勞務與休閒的型態將對調，職業與生活的模式也可能會改變。

十九世紀後半被發明、二十世紀前半正式商用化的電器、電話、洗衣機、冰

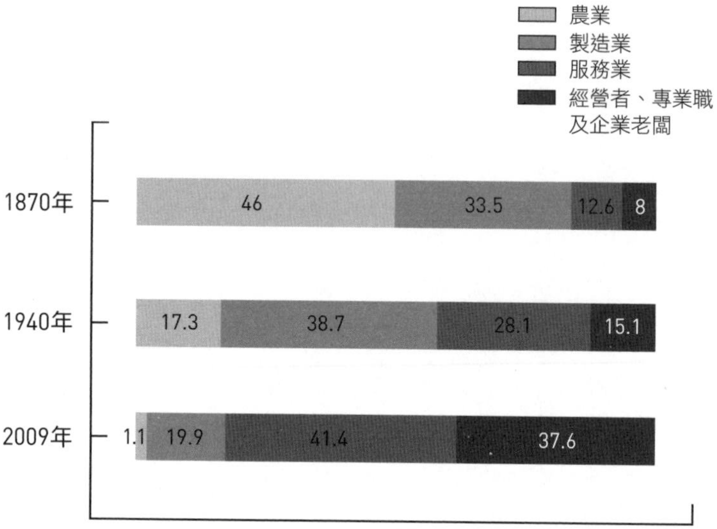

美國各業種從業人數比例趨勢（R. Gordon）（單位：%）

箱、汽車等產品已經完全改變了我們的生活方式。家事勞務減少讓女性走進社會工作的機會變多，女性的社會地位也隨之提升；也有這樣說法：「護照能擴大發給，並非起因於積極的女性主義，而是託洗衣機發明的福」。過去僅限上流階層享受的休閒活動也擴大到一般勞工，就連農業從業人員也能享受海外旅遊的樂趣。休閒娛樂擴大，新產品及新服務的需求也會增加，新產品需求增加便會增加僱用及生產，進而也使新產品及新職業出現。

二十世紀後半開始發展的電腦、網路、移動通訊、智慧型手機等，進一步使我們的人生出現莫大變化，許多新職業出現。小學生們未來希望的職業是成為可賺取較多收入的 Youtube creator，這也是因為ＩＴ產業的發達所致。韓國共享汽車服務「Tada」、計程車叫車服務「Kakao Taxi」及配送飲食服務「配送的民族」等，都是進入ＩＴ時代出現的新事業。由此可知，技術的進步也會創造僱用機會，使職業出現變化。

人工智能是否能取代人類勞務也是常被提起的問題之一。近二十年間，OECD*[13]的主要產業國家中，中階專業度的工作不斷減少，但高階專業度及低階專業度的工作卻增加。高階專業工作增加是較正面的結果，但問題是，中階專業且不錯的工作消失、低階專業度的不佳工作卻增加。

13 譯注：經濟合作暨發展組織（Organization for Economic Cooperation and Development，簡稱 OECD），由全球三十七個國家組成的國際組織，成立宗旨為：幫助各成員國家的政府實現可持續的經濟增長和就業，提升成員國生活水準，保持金融穩定。

關於中階專業度的工作減少背景有幾項解析：第一、重複性高的業務以自動化方式取代，自動化過程中可使動作依照手冊執行，相關人力也被迫減少。舉例來說，引進電腦相關的經營資訊系統將減少中階專業程度的工作——人事、會計業務人力減少。

也有人認為其中一個原因是隨著全球化發展，向新興發展國家委託外包的結果所致。比起透過電腦將工作內容自動化，因網路等資訊通訊技術不斷發展、運輸方法多樣化，使得長距離交易不再只是夢，主要產業國家的中階專業工作便開始外包給中國或印度等新興開發國家執行。韓國三星、日本索尼、美國GM、德國福斯等電子產品及汽車企業，原本只在國內進行產品開發，但生產委託給新興發展國家進行的比例相當高。舉例來說，蘋果公司在開發產品等高專業工作在美國總公司裡進行，但產品生產則外包給中國及印度工廠進行。

用新技術替代中階專業的人類工作，應該將此現象視為技術進步、全球化策略及競爭過剩等複合因素同時出現所導致的結果。

III 商業讚頌

·10·
市場

小時候經歷過戰爭的世代非常清楚：市場是什麼樣的人類原始生活型態。當戰爭導致所有物品損壞、擔心不知道下一餐在哪時，人們便開始帶著物品走進市場：哥哥賣報紙、姊姊在籃子裡放了幾個麻花捲……

漫長的歲月中，在沒有任何人強制下，人類自然而然發明了「市場」。首次提出「市場經濟是人類本性」概念的是英國自由主義思想家亞當．史密斯（Adam Smith，一七二～一七九〇），他曾說過「市場不是任何一個人的發明，也不是依據國家法條、以人為方式創造的東西，只是所有人在進行交換時發生的行為罷了。」

商業精神能讓人培養出勤勞的習慣、對他人的關照，以及克制的心理。社區路上最愛打招呼、最有禮貌的是洗衣店老闆或水果店大叔。但現代都市生活，就連誰住在自己公寓樓上都不知道，人與人之間的關係冷漠，在這樣的狀況下，最後會留下的最善意且單純的關係就是商業關係。

市場有時候也會帶來和平，自由貿易讓國家之間出現各種市場，由於市場出現，國家間的關係也變得更和平；因為國家間若希望進行貿易，就必須放下自己手中的「武器」。試想，總是因為南海問題出現利害關係而衝突不斷的中美兩國，如果沒有良好的貿易關係，現在的中國國家主席習近平及美國前總統川普能在表面上維持和氣的關係嗎？自由市場的交易創造了繁榮的現代國家，同時也讓國家間找到和平關係。

市場是實現交換的地方

市場是進行交換的地方，人們之所以參與市場，主要原因除了人類本身就具有交換的本能以外，也是因為在市場上進行交換能讓所有人獲得利益。由於參與交易的雙方皆可獲得利益，因此人們主動參與市場。也就是說，交換僅在雙方當事人皆獲得利益的前提下，才能實現自主交換。若某一方無法獲得利益，那麼兩人之間便不會發生自主性交換；因此，市場制度不是起源於慈悲心理，而是人類本性——自私心理。亞當・史密斯在著作解釋了這樣的理念：

我們的晚餐並非來自屠夫、釀酒師或麵包師的恩惠，而是來自他們對自身利益的關切。我們不是向他們乞求仁慈，而是針對他們的自利心；我們從來不向他們談論需要，而只談論他們的好處。

——《國富論》第一部

It is not from the benevolence of the butcher, the brewer, or the baker that we expect our dinner, but from their regard to their own self-interest. We address ourselves not to their humanity but to their self-love, and never talk to them of our necessities, but of their advantages.

何謂「分工」？

市場上交換什麼呢？交換因分工而生產的產物。那麼何謂「分工」呢？「分工」指的是所有人僅生產自己能做得好的東西。善於做麵包的人做麵包，很會織衣服的人便織衣服，當用完自己所需的量後還有剩餘時，便可與他人的物品進行交換，交換物品的場所便是「市場」。

人類原始特性——喜交換，因為這符合自己的利益。能最有效實現人類重要特性——追求自己利益——的地方即「市場」，其體制便是「市場經濟」。市場透過分工交換生產物品的空間或制度來進行，因此市場經濟也就是分工經濟。

分工是「自給自足」的反義詞。很久以前我們吃著自己種的稻米、穿著自己編織的衣服，所有吃的、穿的都在自己家裡製作並使用，這樣自給自足的經濟，市場無法存在，更不存在分工，因為沒有可以賣掉自己生產物品的市場，因此分工也不會出現。但時間久了，市場出現時，分工也漸漸出現。人們開始到市場購買原本在家裡製作的物品，市場上也開始有人帶著家裡製作的物品出來販賣，這就是「交換」。市場是交換的場所，也是分工的場所。人們開始帶著最擅長製作的物品到市場上，與他人的物品作交換，以滿足自己無法製作所需物品的需求；也就是說，「交換」自然而然地延續到分工，而市場越發達，分工便越活躍。

實現分工的原因，在於人類想進行交換的特性，所以分工程度會依據交換性質的大小，即市場大小而有所受限。當市場過小時，不會吸引人集中製作單一種物品；因為，自己的勞動所製作出的物品超過自己使用量，其剩餘部分無法與他人透過勞動製作而成的物品進行交換。

——《國富論》

舉例來說，我在家裡製作的麵包，若家人吃飽後還有剩餘，此時，製作的麵包扣除我和家人已食用的，剩下的麵包即「剩餘產物」。同個社區的某家媽媽用毛線織了好幾雙毛線手套，分給家人後還剩下幾雙手套，此時，剩下的毛線手套便是她製作的物品當中的剩餘產物。

我們家不需要的麵包，在他們家是被需要的；而他們家不需要的手套，剛好又是我們家需要的物品。此時，若沒有交換我的剩餘產物與鄰居媽媽家剩餘產物（毛線手套）中間的場所，就不會出現「交換」的行為；由於交換行為沒有出現，所以也不需要另外製作家人吃完也會剩下的多餘麵包，鄰居媽媽也不再需要編織更多的手套。依照亞當・史密斯的說法解釋，當市場過小時，不會吸引人集中製作單一物品，因為無法將自己製造後剩餘的物品與他人製造後剩餘的物品做交換。

因此，當市場越發達，分工也越趨活躍。由於人類想要交換的特性才能實現分工這個行為，所以分工的程度也會根據市場大小而決定，當市場較小時，讓人集中製作單一物品的吸引力就不夠充足。

幾年前我們都還會在家醃泡菜，每到十一月，報紙的頭版新聞便會充斥著醃泡菜費用的相關報導；但由於最近市場規模擴大，在家醃泡菜的狀況就變得比較少了。

一九七〇年代時，每到中秋節，家家戶戶都會親手製作松餅，每個社區都能看到製作年糕的店。每到重大節日，每家主婦都會用大盆子和籃子裝著滿滿的白米前往製作年糕的店，並將這一盆盆的白米放在地板上排隊，排隊隊伍很長。當製作年糕的店碾碎白米、將米製成的米粉蒸熟後，家庭主婦帶回家捏揉成自己的年糕，這是準備中秋節的重要工作之一。當時根本無法想像我們現在能夠在專門販賣年糕的店家購買年糕成品。

但是，製作年糕的店家們在當時已經開始默默的走下坡了。一九七六年中秋節前夕，曾有一篇新聞報導了經營製作年糕店多年的老闆的抱怨：

「直到去年為止，中秋節前三、四天都還有許多客人為了碾碎作年糕用的稻米而大排長龍，但今年客人減少到只剩下十分之一。大部分的人要碾碎的稻米量也只有一兩公升。」

到底是什麼原因讓前往年糕店的客人如此大幅減少呢？這都是因為年糕市場不斷變大所致。

市場也已經擴大到我們的主食——米飯了。直到幾年前，人們一定還無法想像現在的人不在家做飯，而是購買現有的成品。現在韓國人大多都會選擇大企業產品「即食微波白飯」，這意味著市場規模的擴大，同時分工也正快速進行當中。

在分工中，也含有在生產過程中分得更細的分工，分工的人只要做單一動作即可。史密斯認為進行分工，將可提升勞動的生產性。史密斯曾舉一個最顯為人知的例子，就是在別針工廠裡，若不進行分工，一名勞工一天可能都沒辦法做出二十根別針；但若在工廠裡根據各個產程進行分工，那麼每名勞工可製作出四千八百根別針，也就是說，若進行分工將可使勞動生產率提升到兩百四十倍。

分工能提升勞動生產率的原因在於各個勞工的專業度變高，還可節省從一個產程移到下一個產程時所浪費的時間，機器的發明也能讓勞務變得更加容易。史密斯認為，技術的進步也是分工的結果，這並不是因為與遠在工作地點以外的地方進行的科學研究而實現，而是因在工作地點工作的勞工而實現；他也認為分工是「富有」（wealth）的來源。

他曾說「善於管理的社會，能讓社會最底層的國民到最高層的國民都享有富裕生活，其中多虧分工的存在，才能大幅增加各種產品出現。」

分工的前提條件是進行交換，而實現分工利益的也是交換。分工來自人類固有特性（the propensity to truck, barter, and exchange）。我們無法在其他動物身上找到這項本能，這也是僅存在於人類身上的獨特性。亞當．史密斯認為，這樣的特性不能算是人類本能，而是從理性和語言本質中出現的必然結果。

市場經濟是最佳的經濟秩序

分工的前提條件是交換，但能最有效實現交換的地方是自由市場；因此市場可視為分工的前後端。史密斯認為市場是依照神的旨意所形成的東西，個人之間的利益則會自動調整。這樣的市場機制就是亞當・史密斯的著名理論——「市場力量」（invisible hand）。如同神打造自然界萬物，為了讓萬物和平，更設置了自然法則讓萬物遵循；這，就是「市場」。

「交換」源於人類理性行為的交換特性，而市場並非任何人發明的東西，也不是依照國家法律、人為形成的，單純是自然出現的秩序。參與「交換」這一行為的原因在於該制度雖然符合人類想交換的特性，但也是因為所有參與交換行為的人都能獲得交換利益（gains from trade）。

人類最重要的特徵就是追求自己的利益，而分工及交換便符合了這樣的人性，以此為基礎的市場經濟也變相當強勁也有效率。人類努力工作不是為了他人，而是為了自己及家人。市場經濟出現的最主要原因，便在於人類以自己為中心的本性，而根據這樣的人類本性使得市場經濟運轉，因此最自然且最有效率的經濟秩序就是市場經濟；也正因如此，市場經濟是最佳的經濟秩序。

·11·
商業讚頌

康塞普西翁布道所與德壽宮靜觀軒

美國德州聖安東尼奧（San Antonio）的一片寬廣草原中間，有一棟看似廢墟，但歷史已達三百年的教會建築——康塞普西翁布道所（Mission Concepcion）。藏身於陰暗冬日下的教會建物更顯得孤單又淒涼，給人一股「總有什麼遺憾的惋惜感」。若寬廣草原一角有間建築高聳的咖啡廳，在那裡喝著咖啡，悠閒地觀賞西班牙殖民時所建蓋的教會建物，也許能細細品嘗到三百年歲月所帶來的人文香氣。

德州與加州直到十九世界中葉才正式被編入美利堅合眾國，在那之前的一百一十年間，分別為西班牙與墨西哥領土。德州境內有許多聖安東尼奧、艾爾帕索（El Paso）等西班牙式地名。歷史悠久的教會也被取名為「康塞普西翁布道」或「埃斯帕達布道所」（Mission Espada）等名稱；也常見到加州的舊金山（San Francisco）和聖地牙哥（San Diego）等地名前使用「San」（「Saint」的西班牙標示法）的都市名稱，這也是西部電影裡常出現「里約格蘭」（Rio Grande）等西班牙地名的原因。由顏尼歐．莫利克奈（Ennio Morricone）配樂的電影《教會》（*The Mission*）也是一部敘述西班牙宗教故事的作品。

這讓我想到，文化遺產的價值必須要與商業咖啡廳結合才能夠變得完整。德壽宮靜觀軒*14是韓國第一個結合傳統文化及西方文化的西洋建築。蘊含殖民氣息的西方陽臺欄杆上鏤刻了蝙蝠、松樹等韓國傳統文化的圖樣，圍廊及屋檐上則有各種顏色的木拱，如同蕾絲窗簾般垂吊下來，讓人聯想到俄羅斯風格的建築。也正因如此，許多人推測德壽宮靜觀軒是俄羅斯人阿法納西．謝列丁—薩巴京（Afanasii Ivanovich Seredin-Sabatin）在大韓帝國末期所設計的建築。

我看著柱子後方空蕩蕩的石頭地板思考並想像著：若這美麗建築是一間高級

14 譯注：德壽宮為朝鮮時代末期的宮殿，裡面有許多歐式建築，靜觀軒即為其中之一，為皇室咖啡廳。

咖啡廳的話，那該有多好呢？雖然這裡完全沒有大韓帝國的香氣，但這裡曾是高宗品嘗咖啡的地方，穿著龍袍的朝鮮皇帝在品嘗西方飲料「咖啡」的「衝突畫面」讓人感到有趣。比「喫茶店」這一詞更相符的咖啡廳裡，一定能讓人們暫時忘卻都市的吵雜，並細品異國建築的魅力。所以，我才會覺得「文化遺產一定要有商業咖啡廳在旁邊才能顯得它更加美麗動人」。

商業的消失

我的一個臉書朋友曾在自己臉書上寫著：「為什麼韓國的光化門廣場無法成為美國時代廣場、英國皮卡迪利圓環或像法國香榭大道一樣呢？」這個朋友一直覺得光化門廣場無法像紐約、倫敦或巴黎市中心一樣聚集許多人們，充滿活力，真的很可惜，也認為主要原因在於「商業的消失」。

這是一個正中要點的指責，也是我在康塞普西翁布道所或德壽宮靜觀軒裡感到的惋惜。與輕視利潤動機的嚴肅主義者看法不同，以營利為目的的商業行為，為所有崇高的物品增添了風格與雅緻。

無論在何時，我們總能看到許多在法國香榭大道路邊的露天咖啡廳裡，喝飲料、享用美食並暢談、享樂的人們，巴黎本地人與觀光客交錯的愉快能量，讓整個都市充滿著活力。但每當看到韓國的光化門廣場，卻總只能看到帳篷與示威遊行人群帶著凝重的氣氛站在廣場上；從某個朦朧昏暗夜晚開始，便看到光化門廣場上充滿著一具具不知道到底為何的巨大紙造人偶，彷彿就像是一個鬼魂降臨的薩滿*15之家。

韓國根深柢固輕視商業的想法

朝鮮時代受朱熹理學影響，當時的社會相當鄙視商業。從「四民論」的「士農工商」排序，士大夫階級最高，接下來是生產食糧的農民，第三為製造工具的匠人，最後才是商人。「農者天下之大本」為支持朝鮮社會的口號。稻米為主食，若沒有稻米便無法保住生命，因此農業被視為天下根本。與此相反，商人不

15 譯注：為韓國本土宗教，亦稱為「韓國薩滿教」；為聯繫人、神或亡靈的仲介。

製造任何東西，只會藉著銷售他人物品獲取利益，因此被認為是社會底層。有一句話是「務本抑末」，白話就是「致力於根本，抑制底層發展」，其中「『本』即為農業，『末』則為商業」。發展農業、約束商業是貫穿朝鮮時代的重要思想。

即使朝鮮時代後期的實學家嘲弄兩班*16社會的落後、接受清朝優秀文物，但他們其實也沒什麼不同。柳馨遠（號磻溪，一六二二～一六七三）主張應廢除各區的定期市場，認為市場會使人們聚集，這些人喝酒無法控制自己，反而會敗壞風俗、出現盜賊（《磻溪隨錄》）。丁若鏞（號茶山，一七六二～一八三六）感嘆「末業壓抑本業的時間已相當長久」，並向正祖上疏，懇請正祖壓制商業的猖獗。北學派巨頭朴趾源（號燕巖，一七三七～一八〇五）也在《許生傳》裡表達了鄙視商業的心理。

16 譯注：「兩班」指上朝時，位於左右兩側的文武官員，即朝鮮貴族階級的代稱。

許生的界限

南山谷許生聽到妻子要求賺錢的話，便停下讀書的動作並衝出門外。他向漢陽首富卞氏借了一萬兩，便帶著這一萬兩到安城市場買下所有水果。當水果價格上升十倍，許生便賣出水果，留下十倍的金錢後，又前往濟州島買下所有馬鬃。當馬鬃變得稀少而無法製作網巾，最後網巾價格上升十倍，連帶馬鬃價格上漲，最後許生獲得的錢已暴漲到起初所借的錢的一百倍。

許生帶著這些錢到邊山的賊窩裡，並向頭目問了問題：

「一千名盜賊若偷了一千金，每人可分到多少兩呢？」

「一個人可分到一兩。」

許生又問盜賊頭目有沒有妻子和田地，但得到的卻是「若有妻子又有田，那怎麼會成為盜賊呢？」這一答案。意思指的是承受不了執政者和官吏的腐敗及掠奪，百姓們失去了維生的土地和家園，被迫流浪乞討或被趕到山中，最後成為一群盜賊。

雖然小說裡並未提及，但這都暗示了朝鮮時代末期兩班們占據了平民的地、掠奪平民與奴隸的勞力。身為佃農的農民收成穀物，大約一半都得貢獻給地主，還得支付土地稅及各種稅額。這個過程中，統治階層殘忍地向百姓收取稅金，或是強奪他們的財物，進而出現了「苛斂誅求」這一情形；即「三政紊亂」：「田政」*[17]、「軍政」*[18]及「還政」*[19]。

「田政」為土地稅，當時一般平民除了被強制徵課根本不存在的土地稅金（即「白地徵稅」），被迫徵收或被侵占比實際稅額高上數倍的稅金。「軍政」是一種以「軍布」（朝鮮時期用以代替服兵役所繳交的布）讓十六歲至六十歲良民男性代替他們須遵守的軍人義務的制度。但當時卻出現了將過世者的名字放上軍籍及繳稅對象，間接徵收軍布的「白骨徵布」，並將年幼孩童納入軍籍並徵收軍布的「黃

17 譯注：田政，指朝鮮時代後期針對土地所徵課的所有稅金。
18 譯注：軍政，朝鮮時代關於軍事的「軍事行政」及「軍事財政」之統稱。
19 譯注：還政，國家於春荒期向農民租借大米，到了秋收期則「以穀還穀」，並將穀物貢獻給上位者。

口簽丁」，或是將文書上所記錄的兵役年齡已達六十歲的男性年齡低報，不斷向他們徵收軍布的「降年債」等。「還政」又稱為「還穀」，是在春荒期間，政府向農民租借大米，並在秋收期間加上百分之十的利息回收稅金的制度。但是地區胥吏強制向農民租借穀物，搶占他們的利息，或透過增加混雜了米糠增加租賃量、捏造繳納帳簿內容，租賃穀物後以捏造方式欺瞞倉庫裡仍剩下穀物等方式掠奪農民的血汗；這就是所謂的還政紊亂。

許生給所有盜賊一人一百兩，命令他們各自找個妻子和買一頭牛來，並且購買了兩千人一年期間可吃的糧食，便與盜賊們一起住在一座空島上。住在空島的許生與盜賊們一起建蓋了房屋；而土地因為充滿養分，因此農作物也相當豐盛。當時還剩下的財產約有白銀百萬兩，許生與盜賊們聽說鄰國日本長崎正發生饑荒，還用自己種植的農作物救濟那裡的百姓。許生帶著所有盜賊離開本島，本島不再擔心發生盜賊問題。

看到這，我們可以發現《許生傳》裡充滿著批判朝鮮時代自然經濟、諷刺總是不勞而獲的兩班們有多麼無能的近代意識。可以看到「商品價格因需求及供給而決定」的西方經濟理論的模樣。

然而，該小說裡強調共同體的部分與現代資本主義理念依然相當不同：許生與盜賊們在無主人的無人島上共同擁有那塊土地、一起耕種農作物。許生夢想著一種「不屬於任何人，所有人一同開墾土地」的共同體，雖然賺取的錢很多，但不會強迫儲蓄。他還滿足地將錢財花在救濟貧窮且無依靠的人們，並認為這才是最高價值。

到了小說後半，可以發現許生感嘆無人島太窄小，因此決定回到本島的想法，這一點讓人感到更加疑惑。因為在小說裡提到，許生將辛苦賺取的一半財產（約銀花五十萬兩）撒在大海上，僅留下自己要搭乘的一艘船，剩下的都燒得一乾二淨。離開小島時，只選擇讓識字的小島居民一同搭船。更令人感到無語的是，小說的結局寫著許生認為錢財不是什麼大不了的東西。許生曾提到「萬金如何讓道理變得更加豐腴呢？」，這也讓人著實地感受到鄙視商業的朝鮮書生的界限。

《朝鮮王朝實錄．中宗實錄一五一八年五月二十八日等》裡曾提到「商業為竊盜之根本」，因此在五百年期間，朝鮮王室不斷約束經濟發展，最後卻導致朝鮮成為一個極窮的國家。一八八〇年代後半，來自英國的傳教士吉爾摩（G. Gilmore）牧師曾在著作《在漢城看到的朝鮮》（一九八二年出版）裡寫道：「無法釀製昂貴酒品的貧窮國家，還成為一個以矛盾讓一般大眾變得更加腐敗的疲弱國家」。這都是因為歷屆掌權者不願為了同時發展經濟及軍力等能富國的政策而努力，在差不多時期，曾到韓國旅行的德國觀光客也曾看到首爾裡的五萬多棟房子大部分都是歪歪倒倒的草屋或泥屋而感到驚訝。還說「這裡是一個看不到商業、看不到煙囪、玻璃窗或階梯的都市；也是一個沒有劇場、咖啡廳、茶店、公園、庭院和理髮院的都市。家裡既沒家具，就連大小便也都隨意放在家門前。所有人都穿著白色衣服，但到處都可看到人的排泄物，這是一個相當骯髒的都市。雖然泰國、緬甸、柬埔寨也很落後，至少偶爾可見高聳的寺院，但這裡什麼都沒有。從南山上往山下看，只能看到又乾又窄的黃土屋像蟹殼般貼在地上，連樹木都沒有，十分荒涼。但這樣的地方還有一處如同綠洲般，就是五百年王朝延續下的王宮。但就連王宮也看似淒涼，因此，我又再次感到相當驚訝。」就這樣，韓國便成為一次都沒戰鬥過、就被貢獻給日本的殖民地了。

德國觀光客曾說「這是一個無法用言語形容的悲傷，但又奇妙的景觀」，而他口中的都市就是現在全球最頂尖的都市之一——首爾。這都是因為李承晚及朴正熙兩位前總統建立並發展自由主義市場經濟體制，進一步實現工業化、現代化而獲得的結果。

然而，現在韓國的國民意識又開始後退，我認為就像從未逃脫朝鮮時代的意識般，輕視商業與工業，並將公務員、法官等職業當作一種公職，如同朝鮮時代舉辦科舉，並將科舉視為揚名千里的手段。現在也有許多人將律師考試、行政高考視為自己一躍千里的方法，公務員們也把自己當作朝鮮時代的士大夫，向商人們咆哮，行政官員、法官、檢察官恣意進行稅務查帳或搜查，統治了企業。總統也不斷派遣企業老闆到北韓，讓他們像幼稚園學生一樣排隊「認識」金正恩——這是一種重返「務本抑末」的近代朝鮮的退步現象。

更加嚴重的情況是，現在許多人談論著「不幸的皇帝」*20，忙於美化朝鮮末期無能又無責任感的皇帝，在殖民時代結束七十多年後的現在，韓國社會上依然將「親日」視為武器，不斷反抗反對勢力，企圖讓他們埋沒於社會裡的瘋狂現象。

輕視商業的德國

判斷國家是否富強的標準，雖然從商業是否發達來看，但商業同時也是觀察該國政治體系及國民性的重要指標。

輕視商業的社會很容易發展成社會主義國家或軍國主義國家；而德國就是其中一個例子，從很久以前，德國就是歐洲境內輕視商業的國家。

格奧爾格．威廉．弗里德里希．黑格爾（Georg Wilhelm Friedrich Hegel，一七七〇～一八三一）曾在著作〈基督教的精神與其命運〉及《歷史哲學》中批判猶太

20 譯注：一九〇七年第二次萬國和平會議在荷蘭海牙舉辦，朝鮮王朝高宗派遣密使李儁前往，目的在於恢復國權；但由於日本介入，宣告失敗，高宗因此受日本壓迫，要求讓位予純宗。高宗在德壽宮度過晚年，一九一一年過世。

人，其原因是在希臘統一下，所有人都是兄弟，但只知道復仇與服從的猶太人卻被排除在外。繼承黑格爾思想的馬克斯更將仇恨猶太人問題轉變成私有財產的問題，讓人們從憎惡金錢取代憎惡猶太人。弗里德里希・尼采（Friedrich Nietzsche，一八四四～一九〇〇）則在《悲劇的誕生》裡提到應從猶太─基督教脫掉過去希臘的炬火。十九世紀所有德國思想家皆擁有反猶太人的傾向，但這其實也是反資本主義。

中世紀以來，歐洲所有國家的賤民階層皆為猶太人，他們沒有工作可做，因此開始放高利貸，這也就是當時人們為何看不起猶太人的原因。但高利貸是「錢滾錢」的業種，出發點為資本主義思想，因此猶太人與資本主義的發達有相當密切的關係──這也是為什麼反猶太人意識與反資本主義有部分理念相通的原因。

黑格爾在《美學講演錄》裡提到，德國人有一種「恭敬又簡樸的國民性」。他們雖然信仰堅定，但不只努力祈禱，而是讓自己家裡與環境變得單純、乾淨，同時亦過著富裕卻儉樸的生活。看似進步，但生活中維持著過去的習慣，他們不但繼承且保有祖先的堅強個性，在享受自由的過程依然態度嚴謹、小心翼翼，對人生也感到滿足；也因此，領導型哲學家的愛國心與優越感最後形成了納粹的人種優越主義。

輕視商業也是馬克斯主義的中心思想，馬克斯批評猶太人「只知道錢的商業性」，認為未來的共產主義（communist）世界裡，應沒收資產家的資產，而私人的則應被清除。在俄羅斯境內出現蘇聯共產政權之前，歐洲境內馬克斯主義最為鮮明的國家就是德國。

但奧地利籍英國經濟學者海耶克與黑格爾不同，他強烈批判德國的國民性。海耶克曾用「德國人當然優點很多」作為演講的起頭，他說「一般來說，德國人勤勞、嚴守綱紀、有良心又誠實。被賦予任何工作，不分好壞，一定會用嚴謹的態度完成它。此外，德國人擁有強烈秩序意識及義務感，即使碰到生命危險，也會鼓起勇氣解決。他們能犧牲個人，也有切實服從權威的美德。」海耶克認為，這些德國人的美德是從舊普魯士王國（一八七一～一九一八）及威瑪共和國（一九一九～一九三三）時期開始養成的。

法國哲學家安德烈・格魯克斯曼（Andre Glucksmann，一九三七～二〇〇五）更將這樣的德國國民性起源追溯至十七世紀發生的「三十年戰爭」（一六一八～一六四八）。在這歷時長久的戰爭中，每三名死者中就有一名德國人，因此德國人感同身受，逐漸變成懼怕法律、領導階層的個性，這樣的個性持續了數百年，使得德國人出現服從權威的國民性。這真是一個相當有趣的假說。

在我閱讀海耶克與格魯克斯曼的推論後，我突然能理解奧匈帝國（現捷克）小說家法蘭茲·卡夫卡（**Franz Kafka**，一八八三～一九二四）所寫的《城堡》與《審判》這兩本書。原來，讓人無法理解的主角K，他強烈不安感即是人類站在權力前面所感受到的最原始恐懼感。具體而言，擁有掌握人類生死大權權力的是體制化後的「司法」。如同原始人在龐大野獸前所感受到的恐懼、古代人在刀槍前所感受到的恐懼般，我們在司法前也會感受到恐懼。今天，能殺死一個人的不是刀槍，而是在法庭進行審判的司法。那麼，曾為律師出身的韓國總統不斷執著於任命及保護與違法者沒什麼兩樣的法務部長官*21，也是因為知道司法的重要性才做出這樣的選擇嗎？

21 譯注：第十九屆韓國總統文在寅，於二〇一九年任命曹國為法務部部長，曹國就任不到一個月即爆發多起醜聞。

德國與極權主義

若延續海耶克的論點，他認為即使德國人擁有許多優點，但他們較不足的部分在於「對他人意見的習慣與尊重，以及對弱者的體諒」。德國人在親切、幽默、謙虛、尊重隱私、對鄰居持有正面信賴等部分相較不足。

親切與幽默等美德能增進人與人之間交流，看似不重要，但其實是相當重要。雖然親切與幽默可被視為個人特質，但這些美德同時也是社會性美德，因為能讓人們接觸社會時更加圓滑，不需要慰藉，還能將控制變得更加困難。這些美德在個人主義或商業社會中會自然產生，但在群體主義或軍事社會卻很難出現。

海耶克批評德國人在上司權威面前防禦自我信念的耿直個性及判斷力相當不足——原本在看待權威時，應該要有健康、恰當的輕視及憎惡，才不會將權威視為絕對正確，也不會無條件服從權威。但德國人沒有這種正直的個性，恰恰證明了德國社會並不存在「自由主義傳統」，事實上這種個性只能在擁有自由主義悠久傳統的社會裡被創造出來。

「德國精神」與社會主義或極權主義相當類似，二十世紀初，德國歷史哲學家奧斯瓦爾德・斯賓格勒（Oswald Spengler，一八八〇～一九三六）曾說過「德國人是一群可以本能感受到『權力隸屬於全體』的民族」。這又是什麼意思呢？也就是在全體裡面，所有人都擁有各自應有的位置，有下指示的人，也有服從指示的人。在這樣的極權主義社會裡，自由主義當然會被拒於門外、輕視。最後，納粹主義才會自然而然地成為「德國精神」。

商業強國──英國

德國社會若分為「命令者」及「服從者」的話，英國社會則可分為「有錢人」與「窮人」；也就是說，若德國是一個公務員的國家，那麼英國便是一個商人的國度。

在「公務員國家」德國裡，名譽及地位幾乎都屬於官僚的東西；追求己利的職業很常被認為劣於公職，甚或是丟臉的職業。如同海耶克在自己的著作《通往奴役之路》（*The Road to Serfdom*）提到「德國社會是一個輕視商業的社會」；但這本著作出版年度為一九四四年，相信之後德國也改變了許多。

與德國不同，「商人國度」英國在所有層面上都與德國正相反：英國人的獨立心理、自助精神強，在所有領域都能自發行動；比起依賴國家或社會，英國人個人主導處理事情能力強、不干涉鄰居的事情，對於自己的想法、他人的看法都以寬容態度接受。英國人雖然尊重慣習與傳統，但對於權力與權威並不會無條件服從，而是持有健全的懷疑態度，但也不會反抗到讓整個體制崩潰。

英國會出現個人主義及自由主義思想，主要是因為在歷史上英國的商業相當繁榮，也鑑於他們是重視商業的國家，這也就是為什麼自由主義的理念來自商業的原因了。

商業讓人類變得文明

完全沒有商業的北韓就像數學公式一樣，自然走上社會主義、極權主義、軍國主義國家之路。而韓國社會雖然分為有錢人與窮人，但依然存在許多不斷詛咒韓國發展的左派人士，左派政治人士將創造利潤視為罪惡，要求企業公開成本，其實只會將韓國帶往「指示者」和「服從者」的社會，而這些人也總希望自己能成為「指示者」的一員。

在「有錢人」與「窮人」的社會裡，窮人只要賺錢就能追趕上有錢人；但在只有「指示者」和「服從者」的社會裡，「階級」卻是根深柢固的問題。北韓的階級概念相當嚴格，這也是北韓走向極權主義結局的原因。

當商業超越了所有根深柢固的理念，根據理念不同，交易時不分人的類型，同等對待所有人。商業也是相當「正直」的。在商業社會裡，若不遵守約定、沒有信賴，商業便無法持續下去；若不勤勞，事業便會失敗；若是不學習、熟悉新知識，便會被市場淘汰。這也是個自發性社會，由價格與自由意志形成的交易，若自己不想要，隨時都能喊停。

這所有特徵都是文明（civilized）社會的特徵，商業擁有讓人們變得更加聞名的力量。商業越發達，人們越獨立，越能成為高度體諒他人的國民，街頭將會充滿活力、都市也會被注入許多正面能量。以日本來說，日本國民個性親切又謙虛，還擁有體諒他人的個人美德，這都是因為日本商業很早就開始發展的原因。

德國南部、西部地區和漢薩同盟（Hanseatic League）都市的舊商業區與其他地區相比，較早接觸商業、發展歷史也較久，因此這些地區的德國人與其他地區的德國人相比，個性更加親切、開朗又圓滑。

陰暗店家的街巷

當我看到每天都不斷增加的店面「出租」標示、陰暗街頭的首爾時，我總會出現不好的預感：急著進入官僚體系，將權力掌握在手中，並且依照自己的想法去設計國家發展藍圖的左派人士，不斷讓韓國國民走向奴役之路，也讓整個國家不斷掉入一層層的地獄。

但我們還是必須抱持著希望，雖然左派人士像薩滿般黑暗，總是說著過去的故事，藉著死人名義盤算自己的主張；右派則總是談論未來與生命有多麼光明與充滿生機。對於自由主義右派人士而言，他們擁有如同寶石般的商業：只要有便利商店的燈光，整條巷弄便會突然出現生機，這樣的活力中心便存在商機。商業能將珍貴的東西變得更加珍貴、讓美麗的事物變得更加美麗動人，讓所有的人變得更加開朗、正面。

回頭想想，人類世界的所有原理都來自市場機制：交換原理是如此，看似無秩序但也按複雜的規律來運行，只有追求完美才能得到自己想要的東西。否認市場的意識形態最終也將無法控制整個世界，這也是輕視商業的左派最後依然無法戰勝右派的原因。

Ⅳ準資本主義的時代

·12·
大航海時代

回顧十五到十七世紀，歐洲人利用大海進軍海外的大航海時期，我總會出現「這就是資本主義出發點」的想法，而這樣的資本主義也是西方文明。發展資本主義的西方文明主宰著現代的世界，看起來理所當然。

股票市場的誕生

早在十七世紀時，西洋地區便首次出現股票市場。

當時歐洲各國為了與亞洲進行貿易共同設立了「東印度公司」，當時歐洲各國將美洲誤認為「西印度」，將原本的印度與周邊地區誤認為「東印度」。十七至十八世紀，荷蘭在印尼設立的東印度公司為連接亞洲與歐洲最重要的媒介。東印度公司從一六〇二年至一七九九年，約兩百年期間，於亞洲各地設立商館，並負責亞、歐洲之間的貿易，以及亞洲區內的貿易。

第一個展開歐亞間貿易的並不是荷蘭東印度公司，在此之前，葡萄牙已與亞洲國家貿易約達一百年。葡萄牙王室將胡椒等亞洲農作物引進歐洲後，再向其他歐洲國家銷售。由於當時葡萄牙獨占貿易市場，其他國家不用再另外花費過多成本及出海的風險。但十六世紀末，葡萄牙王室開始限制，只向歐洲部分國家的商人銷售胡椒，因此荷蘭等其他國家商人只好自己開拓亞洲航路。

荷蘭東印度公司第一次前往亞洲的航海方式就如同先前各個公司一樣，是冒險的，即「初創」方式。投資人們只為了這一次出海投入資金，當船隻歸來，再進行結算，並確定利益分配或損失分攤。當結算結束，這個集團也隨之結束。荷蘭東印度公司第一次出海便獲得耀眼成績，帶回了百分之兩百六十五的盈利成績單。

然而，接下來的出海即以完全不同的方式展開，不再只是一次性投資，期限變成十年。投資人在公司投資的錢並不會馬上結算，而是以十年期間的利益或損失做結算，並且獲得相關證明——此即世界上第一支股票！當然，不一定得等十年才能分配到股息，公司如果有百分之五的盈利，投資人馬上就可獲得股息。在那之前，若投資人想收回資金，必須到股市賣掉自己所擁有的股票。從公司的角度來看，這樣的方式能隨時保全資本，不用擔心公司隨時被解散。公司裡有負責公司經營的員工，一般股東們不須擔心公司的經營——這是歷史上第一家現代化的股份公司。

久而久之，聚集了許多投資人，資本總額達六百四十二萬四千五百八十八荷蘭盾；除了大資本家外，傭人、寡婦、職業工人皆可小額投資。漸漸的，大股東開始收購零股股票，透過內部消息，以借貸和商品拍賣獲得了龐大可觀的利益。最終，東印度公司是從資產階級中誕生的。

棉花熱潮

長期以來，胡椒曾是亞洲銷往歐洲最重要的商品之一。但到了一六八〇年代，胡椒已不再是頂級奢侈品，而成為一般大眾的消費商品。咖啡、砂糖、可可、棉織物等，也都歷經這種過程，其中變得越來越重要的則是棉織物。

當時對歐洲而言，毛織物相當重要，窮人則以混合亞麻及大麻纖維編織成的織物為主。因此，對當時的歐洲人而言，被稱為「印度棉布」（calico）的印度棉則令人震驚。印度棉為一種白色的薄棉織物，即韓國的玉洋木棉。想想棉製白襯衫，你就會知道這是什麼樣的織物了。當時價格低廉，但品質全球數一數二的印度棉立刻在歐洲掀起一股熱潮，徹底改變歐洲人的服裝文化。

當時，歐洲對於棉織物需求暴增，但由於歐洲境內無法立即生產棉布，因此必須從印度進口的織物量也劇增。英國東印度公司以低廉的運費方式引進印度棉，一開始印度棉的知名度低，市場開拓速度緩慢，印度棉剛進入歐洲市場時，主要使用於寢具，重量輕、花紋華麗且便於洗滌。一六六〇年之前，大部分印度棉大多用來製作餐桌巾、床單、窗簾等；到了一六六〇年以後，印度棉才正式用來製作衣服。一開始穿著棉織物出門的人們，總會被取笑是「穿著餐桌巾出門的人」，但很快地，許多人都開始為這個「亞洲織物」深深著迷，印度棉也成為製作衣服的主要材質。電影《真善美》（*The Sound of Music*）女主角瑪莉亞在擔任家庭教師時，帶著孩子用窗簾製作洋裝，重現三百年前資本主義初期印度棉熱潮開始的幽默。

當大量的印度棉布進口到歐洲，毛織物、絲綢織物，尤其是麻織品等亞麻布（linen）產業深受打擊，使得陷入工作危機的紡織廠工人爆發抗爭。十八世紀，英國甚至數次通過幾項規範印度棉的法案。費爾南・布勞岱爾（Fernard Braudel，一九〇二～一九八五）在著作《資本主義的動力》（*La Dynamique du Capitalisme*）中提到，一七一九年，倫敦東方的斯皮塔佛德（Spitalfields）還發生了兩千多名紡織工人變身為暴動者，前往倫敦郊區抗議，路上也曾有人攻擊穿著印度棉的人。巴黎的布爾多內（Bourdonne）街上一名商人開始發起，只要有人將穿著印度織物的女人身上的衣服脫掉，脫掉一套就給五百法鎊（Livre）。若覺得這個舉措太過分，也可以讓妓女們穿上印度棉所做的衣服，然後公開脫掉她們的衣服，藉此汙辱她們。

然而，自古以來法律永遠無法阻擋趨勢潮流，這場危機終於引發工業革命，反而讓英國紡織業進一步發展——價格低廉的英國棉織物開始反向出口到印度，甚至讓印度棉織產業受到更嚴重的打擊。

離散社群

在近代的交通尚不發達之前，與完全不同文化圈生活的陌生交流與貿易並非易事。對相同性質區域的居民而言，異邦人（即外地或外國來的人）通常難以預測、具有危險、無法信任。

因此，不同文化之間的接觸與貿易，常透過特殊群體仲介。舉例來說，居住在外國社會的異邦人會以他們的居住地為中心，負責故鄉及目前居住區域（host society）兩地的貿易，全球幾乎都有的「中國城」便為代表性例子。這樣的商人在好幾處定居，奠定他們的網絡（network）基礎，便能進行更有效率的貿易，這就是我們所說的「貿易離散社群」（trading diaspora）。

提到猶太人的本質，我們經常使用「離散社群」（diaspora），它源自於希臘語「散播種子」（speiro）及「跨越」（dia），意指殖民而形成的「人口離散」（dispersal）。這個詞可用於一世紀羅馬時期猶太人強制離散，也可套用在被強制移居至俄羅斯內中亞的高麗人的悲傷歷史上。

在很久以前，要到他國需要花上多年時間，離開故鄉到他鄉生活，彷彿就像被流放，也會有不如歸鄉的情緒，這樣的情緒在本質即有強烈的群體創傷意識。歷史學者羅賓・柯恩（Robin Cohen）曾在著作《全球性離散社群》（*Global Diasporas*，一九九七）一書中，認為離散一詞為中性用詞，與殖民化或被害相差甚遠。他將這一詞定義為「雖然住在外國，但依然可維持群體明顯本質的人們，即離開故鄉到他鄉生活，仍屬同一民族，只是生活空間被分散。」如全世界皆可見的華僑、住在美國的韓國旅美僑胞等，皆是這些狀況。

離散是全球性狀態。中國的海外華僑居留地的擴散是如此；伊朗人在十六世紀到十八世紀時分別移居西亞及東南亞，還對當地政治、經濟與文化產生莫大影響；亞美尼亞商人建構西自阿姆斯特丹、東至中國的龐大商業網過程也是如此。

葡萄牙、荷蘭、英國與法國等歐洲強國，在亞洲設有貿易據點時也是屬於「離散」狀態；西班牙人推翻現有帝國在美洲建立了自己的國家也是一樣。雖然西班牙被稱為殖民國家，但實際上只擁有海岸地區的都市據點，並未深入開拓內陸。如此情況，在北美也是一樣。美國與加拿大也歷經十九世紀西進運動後才形成，十九世紀前，歐洲人從未踏進非洲內陸。我認為以近代初期海外版圖的擴大來說明，比起「國家版圖擴大」，「離散社群的擴張」這一概念更為貼切。

離散人群與社會的關係相當多樣：有離散人群成為一種賤民（pariah caste），而該社會不斷逼迫並剝奪他們所擁有的東西。這時候，主體社會容忍這些離散人群的原因在於他們會做本國人不想做的低下、骯髒工作——中世紀歐洲猶太人曾負責高利貸事業或卑賤工作便是代表例子。

與此相反的例子是十五到十八世紀歐洲人於海外設立的帝國商業據點。葡萄牙、荷蘭、英國與法國等歐洲商業強國不只在世界各地確保自己的自治區域，更以軍力加強對周邊區域的壓迫，進一步擴大他們的統治權力。中世紀以後，歐洲國家為了貿易而在海外成立商館也是主要特徵。

漂浮的地牢

我們無法體會十五到十七世紀大航海時代，必須在海上漂浮數個月或數年的生活有多痛苦和危險。在太平洋等廣大海洋上航行，有一半以上的船員死在船上再平凡不過，死亡人數達百分之七十五的情況也常見。人類史上首次環球的船隊由斐迪南・麥哲倫（Ferdinand Magellan，一四八〇～一五二一）帶領，出發時船員為兩百七十名，但最後只剩下十五名船員生還。

太多人擠在救難船上，導致救難船也深陷危險中，當時救難船船長毫不猶豫地將四十名船員丟下海，看到這場景的牧師便抗議，說「上帝會解救我們所有人」。但救難船上其他船員卻反駁「雖然以神靈方式解釋是如此，但現在到底多危險，我們比上帝還要清楚！」結果，又有十三名船員被丟下海。其中一名擅長游泳的穆斯林船員安汶（Ambon）奮力一游，成功抓住船側，救難船裡的船員卻威脅要砍斷他的手，不斷阻擋他上船，最後這名穆斯林還是葬身於大海之中；救難船再次丟下五人後，時隔九日，船隻才抵達模里西斯。

大航海時代的海上生活還存在著碰上海盜船與海盜打鬥的危險。從帆索上掉下、落海，或被掉落的船具砸到死亡也很常見。或者也可能變成殘障人士，例如搬運、拉取重物時，發生脫腸狀況，或因滾動的木桶、搖晃的貨物導致手指頭或手臂被割斷、骨折；也有可能因為摸到塗焦油的繩子而燙傷手。

船裡的空間有限，剩餘的空間卻擺滿了貨物及壓艙物，船員連移動都很困難。為了盡量活用狹窄的空間，船員們在睡覺區掛上吊床，以代替床墊。

船上生活會如此困難的更重要原因就是補給不足。新鮮食物在出港幾週後便供應不足，鹽漬肉類、風乾食品和大豆就成為主食；食物出現蟲子也稀鬆平常，分發到的少量奶油、醋、橄欖油都用來提升食物的味道。

更嚴重的問題是飲用水不足，當時飲用水容易腐臭。飲用水酸掉後，水面浮起雜質，喝下這種有雜質又有嚴重腐臭味的水，喝的時候還得咬牙撈掉雜質，對船員而言真是一大苦事。到很久以後大家才發現飲用水問題源自於木桶，要解決船上飲水的方法，就是使用金屬容器盛裝飲用水，但這也是很久以後才開始。部分船員為了解決船上飲水問題便開始咬鉛彈解渴，但咬久了可能會鉛中毒。一名英國船長保羅在航海日誌上曾寫道：「船員們和奴隸沒什麼兩樣」。

因補給物資嚴重不足，導致長期飢餓乾渴的船員受壞血病、風濕、斑疹傷寒、黃熱病、潰瘍及皮膚病等病痛之苦，其中，壞血病是最嚴重的問題。壞血病初期會出現全身無力、臉色蒼白，像似身體的血都要流光，接著依序出現青斑、四肢浮腫及麻痺。壞血病的最典型症狀就是上顎浮腫後開始發炎及出血，最後牙齒便會脫落，未癒合的傷口會開始滲血，最後發出惡臭，皮膚破裂，傷口無法癒合。還會血便、視力模糊及高燒，在極度飢渴抽搐後，便會死亡。

當時人們不知道壞血病產生的主因是維他命C不足，最後根據經驗，他們發現柳橙或檸檬汁等對預防壞血病有實際功效。但即使帶著果汁上船，這些果汁也很快腐壞，所以這不是完美對策。庫克船長為了解決這個問題，下令將三千公斤的鹽漬白菜搬上船。但這樣的做法船員並不支持，船員對於每餐吃不到肉、總有太多白菜感到不滿。船員認為預防疾病酒精最有用，也深信酒精濃度越高，預防效果越好，此外還相信餐前喝酒效果更佳，因此船員總是從早就開始喝酒。

為了維持健康，船員最少一天要洗一次冷水澡，衣服必須每天放在甲板上通風，床單則是每週一次，船身則每週用醋和砲彈混合物來煙燻，船體地板必須定期消毒，煮飯的鍋子則要每天刷洗。

當然，航海有醫生同行，但這些醫生的技術與理髮師沒什麼兩樣，船員發生事故必須截斷四肢時，醫生會做的就是用焦油烙燙斷掉的骨頭並消毒，剩下的只能靠上帝了。現代的乙醚（ether）麻醉要到十九世紀中葉才開始有，可想而知，十六到十七世紀的航海生活，沒什麼能令人期待。

比起這些問題，讓船員更感到恐懼的是船上嚴謹的規定。為了有效控管眾多人員，航海生活必須有嚴謹規律，擾亂船上秩序的所有行為都必須強力禁止——其中，最大的問題就是同性戀，當時，同性戀被稱為「愚蠢之罪」（stupid sin），犯下此罪的人都會被處以死刑。唯一能降低船員七情六欲的最佳方法就是讓他們不停工作，沒力氣想任何事情，因此船長便不斷要求船員做事：在帆頂桁上不可停歇，並要求船員上上下下工作，或不斷讓船員修繕船桅、擦洗甲板。如果被分配到推拉沙石（holystone）工作，就得在甲板上爬著行進，船員一定累到連晚餐都不想吃。大航海時代的船隻真是一座座「漂浮的地牢」（floating dungeons）。

在遠離陸地的海上空間裡，船長及主要幹部擁有絕對的權力，他們也時時刻刻對船員施行暴力。可即便如此，船員也不總是乖乖聽令或維持良好秩序，當船員開始抵抗，嚴重時可能會出現叛亂。曾有船員引發船上叛亂，殺害主要幹部，掌握船隻控制權，最後轉變為海盜船。

資本主義的先驅

解釋中產階級文化或資本主義中產階層文化的代表概念是「新教倫理」（protestant ethic）。馬克斯・韋伯（Max Weber，一八六四～一九二〇）在著作《新教倫理與資本主義精神》（一九〇四）中提到「資本主義並非單純資財關係的問題，而是無法僅以技術或知識發展說明的精神性及宗教性理想與概念」，他還主張東西歐各自發展文化方式不同，也是起因於東西歐宗教不同。也就是說，西歐資本主義較發達的原因在於強調宿命、預定論（doctrine of predestination）及節約的喀爾文派（Calvinism）新教；其主要涉及階層便是中產階級。

然而，大航海時代的船員一定與中產階級的文化之間有著對比之處，因為船員的生活並不高尚。研究海盜的歷史學家馬庫斯・雷迪克（Marcus Rediker）認為，大航海時代的船員褻瀆神聖、詛咒、說髒話等，說話方式粗魯，這也具有鮮明的社會性意義。船員的粗魯語氣，明顯意味著他們抗拒「高尚、平庸、成熟、勤勉」，即他們所離開的社會裡中產階級性質。船員們面臨極度非人狀況，人生不僅辛苦、悲慘又短暫，也是夾在船長與大自然兩大威脅的可憐存在。船長獲得本國商人及官僚的支持，掌有幾乎與暴君相同的權力。

船員的生活方式與節省、節約相反，若中產階級倫理指的是合理的思考方式、禁欲生活、誠實努力與節約，那麼船員則過著「跑海人及時享樂的人生」。船員拒絕接受禁欲主義，也只活在當下，比起追求精神生活，他們更偏好肉體性享樂，追求淫亂及放縱生活。船員賺到錢並不會急著儲蓄，而是花在喝酒上。他們輕視宗教，卻執著於迷信。

正因如此，雷迪克認為，大航海時代的航海業是發展資本主義的代表，與此同時，也是病理層面較為集中的領域。他認為大航海時代的勞工深受疾病與低薪所苦，這也是資本主義體制的前調（《萬國惡棍：黃金時代的大西洋海盜》〔*Villains of All Nations: Atlantic Pirates in the Golden Age*〕，二〇〇五）。根據雷迪克書中所說，千辛萬苦讓海上貿易大風車轉動的眾多船員是最初期、最大規模的自由薪資勞工。他們是工廠勞工的先驅，也是最初的無產階級。也就是說，由於大航海時代船員的經驗，日後才會出現工業革命，而船隻就像近代工廠。

雷迪克的主張是繼承馬克思主義歷史學家艾瑞克・霍布斯邦（Eric Hobsbawm，一九一七～二〇一二）思想而來。霍布斯邦於自己的著作《原始的叛亂》（*Primitive Rebels*，一九五九）及《盜匪》（*Bandits*，一九六九）將中世紀的盜賊們稱為「義賊」（**social bandit**）。雖然這些盜賊是罪犯，但他們受到普遍社會階層的支持，他們所犯的罪被認為是低階層人民的抵抗，也被視為工業社會之前原始階級的抗爭。

這也是雷迪克在《萬國惡棍：黃金時代的大西洋海盜》書中探討的主題，他將海盜包含在霍布斯邦的「義賊」概念裡。海盜是當時人們的公敵，由於他們不受法律管束，因此成為人們鄙視的對象。但從其他層面來看，海盜不斷對抗商業資本主義，實現替代性的社會體制。雷迪克最後在書中提到「資本主義是邪惡的」的前提；而《大航海時代》作者韓國首爾大學朱京哲教授（一九六〇～）也是以此為前提書寫著作。

但我的看法不同，十八世紀船員的痛苦經驗雖為事實，但他們其實無法在陸地謀生，才到海上討生活。發展資本主義的同時，這群人也開始累積財產，也能夠過上更好的生活，並獲得安全的生命與自由。

歐洲人自大航海時代起，便不怕死亡，勇敢地走出陸地在海上謀生，藉此開拓新世界並累積可觀的資本。在犧牲眾多生命後，醫學技術獲得發展，歐洲人也學到控管龐大人員與執行規範權力的方法。雖然船員看似資本主義的犧牲者，但我認為他們是資本主義的先驅，因為有他們，西歐才能掌握世界。

對於無產階級的感性同情，最終依然無法提升貧困階層的生活水準，這在過去東歐地區沒落前的共產主義社會以及現在的北韓社會中都可清楚看到。若想要真正解救貧窮階層，只有資本主義才能做到，我發現過去的歷史已經向我們證明這個事實。

·*13*·

中產階級

中產階級是資本的產物

資本主義始於中產階級（bourgeois），經濟體制也因中產階級而有所發展。要理解中產階級，就必須理解它與資本主義的關連性。

現代中產階級給人一種「富有」及「奢侈」的形象，如韓國江南左派人士認為自己是享受生活但也被生活打倒的對象。但原本歷史上的中產階級僅意味著一種階層的名稱，封建時代出現，受貴族政治壓迫並被統治的階層，便是歷史上所指的中產階級。

奧諾雷·德·巴爾札克（Honoréde Balzac）的《高老頭》（*Le Père Goriot*）可被視為十九世紀社會風俗畫作品，作品裡描寫了伏蓋夫人經營的平民公寓，並稱為中產階級平民公寓（pension bourgeoise），意指簡單又便宜的民宿。十九世紀上半葉之前，「中產階級的」這一形容詞主要形容低廉、不怎麼樣的生活方式。

「中產階級」（bourgeoisie）這一單詞首次出現在文獻上是西元一二四〇年的里耳聖伯多祿堂（St. Pierre's Cathedral in Lille）文獻中。該社會階級在封建社會都市出現，且「交換」得相當活躍的同時，便開始出現其樣貌。不務農，僅靠在都市裡交換物品，透過商業機制逐漸取得財力的階級。

中產階級的富有並非從「土地」裡出現，也不是因為「生產」而產生，而是單純以低廉價格購買商品，再以昂貴價格售出，藉此賺取中間的差額而產生。因此，這裡便開始出現利潤或利息等形式，資本的重要性也開始受到重視——也就是說，中產階級是以資本做為基礎的階級。

以追求龐大利潤為欲望的商業階級讓商業與產業變得更加蓬勃，他們透過工業革命獲得更穩固的財力；中產階級蓋工廠、製造商品，還造了用來裝載分放商品的船隻。這個過程中，需要技術人員，為了調節不動產買賣契約等各種商業交易行為，需要律師的存在，為了管理財產及事業會計問題，需要會計師，為了讓他們維持自己唯一資產——健康的身體，也需要醫生，因此，這個階級的人也培育了工程師、律師、會計師和醫師等專業人才。從實務影響到理論，因此這個階級裡也出現了許多科學家、法律專家、數學專家等。近代我們統稱醫生、律師、法官、檢察官等專業人士為中產階級，也正是起源於這層歷史。企業家、工程師、醫生、律師、法官、檢察官、學者等，皆為傳統中產階級人士；厭惡及干預中產階級，但實際上對於中產階級意識形態貢獻最大的作家、文人們，也屬中產階級的一員。

中產階級地位僅低於祭司與貴族這兩大統治階級，被劃為「第三階級」。該階級因自己的經濟力量與正當的政治勢力，首次出頭並獲得決定性勝利是在一七八九年的法國大革命時期。英國的中產階級掌握權力的時間較法國早一百年，約為光榮革命（一六八八）時期。

然而，打倒現有統治階級，並由新的統治階級掌握權力，這並無法僅靠大眾的物理力量便可實現；更重要的，是說服被統治階級認同執政者的社會性、文化性與道德性價值。當一個階級在社會上擴大自己的意識形態，說服社會成員接受這樣的意識形態，並使得所有社會成員將該意識形態視為自己的思想時，此時的意識形態將成為執政者的意識形態，該階級也才能真正地被視為統治整個社會。若不行使這種霸權，那麼任何階級都無法持續維持國家權力。

在爆發打倒舊制度的法國大革命之前，看不見的意識形態就已經不斷建構，貴族階級的執政意識形態潛入底層，最後招來霸權危機，進而成為發生大革命的主要因素。負責建構這些意識形態的人便是尚—雅克．盧梭（**Jean-Jacques Rousseau**，一七一二～一七七八）、伏爾泰（**Voltaire**，一六九四～一七七八）及德尼．狄德羅（**Denis Dideror**，一七一三～一七八四）等十八世紀啟蒙思想家及文人。他們的啟蒙主義讓封建與古典主義時代崩潰，開啟了一個全新的時代。

到底何謂封建時代呢？封建時代穩定、階級嚴謹不變，整個社會深陷永恆神話中，且人們對於現在與永遠、歷史與傳統感到混亂，宗教或政治意識形態的力量強大到任何人都無法打破禁制，甚至也無法夢想著發現新思想的時期。馬克思主義將這樣的絕對性王權時代稱為封建時代，在文學或藝術思潮裡則稱為古典主義時代。

封建主義時代後，十八世紀首次出現階級鬥爭。以經濟手段掌握法國社會的中產階級，利用商業活動不斷培養經濟能力，也開始破壞政治統治階級的意識形態。

自然法

中產階級出身的思想家與文學家等為了挑戰以貴族特權形成的社會結構，提出了「人性」（nature humaine）概念。

關於人類起源有兩大立場：基督教性人類觀，認為人類為神的創造物（creature）；或是無神論、科學性人類觀，認為人類也是自然界（natrue）之一。不管是出生自神之手，或是因巨大宇宙法則而出現在巨大宇宙中的產物，皆認為人性本善，這也是十八世紀思想家及文人的看法；他們認為「善良」指的就是「不變的人性」。

十八世紀文學家抓住人類的善良，並用來作為否定（negation）的武器。若所有人皆類似又單純，且一開始也都善良，那麼只有統治階級血統比較優越這一說便無法成立。盧梭在《論人類不平等的起源和基礎》提到，人類不平等的責任在於社會。法律專家們則在羅馬法當中借用自然法（droit naturel）的概念，支持了人性的永恆性與自然性。自然法概念在於自然法本身可做為打倒特權階級的武器，對統治階級的專斷有限制的作用。

人類也是一種自然存在，所有人類普遍都擁有「人性」，這是大自然所公平賦予的，因此所有人類皆平等這一概念便成為自然法的基本概念。自然法的基礎就在於對人類理性的絕對信賴。根據十八世紀自然法學者弗朗索瓦・理謝・多貝（François Richer d'Aube，一六八八～一七五二）的看法，自然法的永恆與普遍性無法被廢棄，也沒有解釋的必要，因為它是人類生來即有的天然法則。

他認為「人類為物質性的存在，因此嚮往保存自我；但人類也是精神性的存在，因此嚮往自我幸福」。

這就是自然法中最重要的兩大概念：人類的「生存權」與「幸福追求權」。這兩大權利無法讓渡給任何人，任何人也無法把此視為問題；大自然賦予所有人類公平分享這個權利。

自然權思想對於濫用絕對王權的人或貴族勢力而言，無非是可怕的挑戰。因為乍看之下，它客觀又正面，但其實隱藏對宗教教義、貴族階級特權、絕對權力之政治鬥爭。正在崛起的中產階級財產權毫不受損，僅弱化統治階級的勢力，這樣的自然權思想便成為中產階級革命的理論根據。

初期自然法學者主張「平等與自由為人類基本權利」，內容概要如下：

人自出生起便為平等，自然也公平地賦予人類所有能力。

人類為了生存，擁有自由行動的權利。

自然權即各自為了維持自己的本性，即自己的生命，應可自由使用自己的力量。因此，在理性判斷下，擁有為了想做的事行使最恰當手段的自由。

然而，即使皆為啟蒙主義思想家，但霍布斯與洛克對於「自然狀態」的見解卻差異甚遠。

湯瑪斯·霍布斯

湯瑪斯·霍布斯設立了人類意志與自然之間的「權力」概念。人類為了獲得自己的欲望——「善」，因此需要權力。「善」雖然也擁有「善良」的意思，但也有「符合目的」之意。就如同英文的「good」有「好的」的意思，作為動詞使用時，也有「恰當」的意思一樣。但權力不單純指物理性力量，身體、外表、知識、財產及名譽等皆是。這樣看來，尼采主張的「權力意志」及皮耶·布迪厄（Pierre Bourdieu，一九三〇～二〇〇二）主張的「象徵資本」等皆延續了霍布斯的思想。人類為了擁有更好的生活，因此不斷追求這些權力。

「不斷追求權力直到生命停止，此外，人類所擁有的持續性欲望，只會因死亡而消失，這就是所有人類的本質。」

然而，若所有人都各自持續追求這些權力，那麼這些永無止盡的欲望便一定會互相衝突。假設兩個人看上同一件東西，兩人中有一人無法獲得這件東西時，他們便會成為敵人，並且努力打倒對方。這兩人都擁有生存權力，因此無法責怪任何一方。如此一來，每個人在自然狀態下，都得戰戰兢兢地活著，擔心自己是否會威脅到他人，最後導致互相不信賴，甚至是不斷競爭、戰鬥。

霍布斯認為這種本質存在於人類的本性（nature）裡。因此，若人們不具有威脅其他人的相同權力，將會互相爭吵打鬥；也就是「針對萬人的萬人爭鬥」。霍布斯認為這就是「人與人的關係就猶如狼」（homo homini lupus），也是他所說的「自然狀態便為戰爭狀態」，人類將活在不停歇的恐懼、暴力及死亡威脅之下，所有人皆孤獨又窮苦，但又陰險而殘忍。

這種狀況該如何解決呢？我們能做的只有發揮理性、組織社會，將自己調整成人類該有的感情與欲望——這一法則便是「自然法」。霍布斯認為自然法是「因理性所發現的戒律或一般法則」。依自然法定義，人類不會做出傷害對方生命的行為，具體方法就是行使絕對的國家權力。

若僅各自主張自己的權利，反而會對自己的生存權造成負面影響，為了活下去，人類必須讓出自己的部分權利。也就是說，必須承認他人也和自己一樣擁有同樣的權利。這與高等宗教所闡述的戒律一致，這也就是「第二自然法」。

若希望接受他人的邀請，你們也一樣邀請他人吧！（《路加福音六．三一》）

己所不欲，勿施於人（《論語．衛靈公篇》）

然而，這樣的權利讓渡若非雙向，就會失去意義。雙方承認的權利讓渡是一種社會契約，霍布斯也將執行社會契約稱為「正義」，破壞社會契約的行為則稱之為「不正義」——這就是「第三自然法」。

霍布斯將威脅壓抑所有人權利的對象，命名為《舊約聖經》裡的怪物——利維坦（Leviathan）。

你能用繩索拉起利維坦嗎？你能用繩子綁住牠的舌頭嗎？你能用繩索穿過牠的鼻子嗎？你能用鉤子鉤穿牠的鰓骨嗎？牠怎麼能不斷向你懇求呢？牠怎能用溫柔態度和你說話呢？牠怎麼能與你達成契約，並讓你永遠視牠為奴隸呢？……誰能脫下牠的外衣？誰敢行走於牠的上下牙骨之間呢？誰敢打開牠的嘴？……牠若醒來，就連勇士也得害怕逃走。即使將刀插在牠身上，卻一點用處也沒有，就連槍枝、標槍或箭插在牠身上也沒用。……這世上沒有任何東西能與牠比擬，牠生來毫無懼怕。當牠看著所有居高臨下的人們，牠對於所有傲慢的人而言彷彿一名具有威嚴的王。（《約伯記四十一章》）。

「具有威嚴的王」——指的就是絕對的國家權力。

霍布斯否定了中產階級革命，並且支持絕對王權。霍布斯在寫下《利維坦》這本書時，已經明確認知到因內亂而導致的悲慘。但原本霍布斯所認為的國家權力是為了保障人民生存權力的理論性的想法，因此，國家權力並非絕對性的。他認為威脅人民生命權的主政者，人民當然有不服從的權利。

形象戰爭的先驅霍布斯

霍布斯認為，形成國家前，「戰爭」是存在的。但他說的「戰爭」真的是強者與弱者、果斷的人與小心翼翼的人、勇敢的人與奸詐的人、偉大的人與平凡無奇的人、正正當當的野蠻人與小心謹慎的牧童之間的戰爭嗎？米歇爾・傅柯（Michael Foucault，一九二六～一九八四）認為霍布斯所想的「戰爭」並非這些。最初的戰爭（即霍布斯所說的「萬人對於萬人的戰爭」）並非從強者與弱者這不平等關係中出現，而是從平等之間或是以平等為要素所產生正在進行的平等戰爭。

這到底是什麼意思呢？如同強大國家侵略弱小國家的過程中會出現戰爭，戰爭不就是因為強者與弱者之間存在著差異而出現的嗎？但仔細想想，其實戰爭反而是在差異不明顯的雙方出現的直接結果。若人與人之間不存在可逆轉的差異，戰爭即會被阻斷。

若雙方存在明顯、明確且相當大的差異，那麼結果就只有兩種：一是強者與弱者進行對決，這個對決（實際戰爭）馬上就會出現「強者勝利、弱者戰敗」的結果，此時，強者的力量便扮演著決定性角色。二是沒有實質性對決，因為弱者知道也確定了自己的弱點，因此在嘗試之前就先行放棄戰爭。

也就是說，若存在著自然差異，此時不會發生戰爭。因為維持戰爭狀態的原始力量會呈現膠著狀態。此外，若弱者小心翼翼，無法明顯看出與強者之間的力量關係，弱者也可能因此而生存下來。因此，雙方之間若存在著差異，便不會出現戰爭。「同等的雙方之間存在著和平」這句話是句謊言，唯有力量存在差異，才能創造和平。

然而，「相同」的狀態，即「不明確的差異」狀態，或是存在著差異但差異相當微小，小到可能消失般的不明確，導致沒有秩序也無法區分時（而這也就是所有自然狀態的特徵），這細微差異的「無政府狀態」下，和平得以持續下去嗎？與強大的對方相比，較弱的一方在不屈服的情況下，感到自己的強大時，會將強者與自己視為相同的存在。也就是說，弱者最後並不會放棄。此時，強者只比對方稍微強大，但並非強大到感受不到不安感或鬆懈。因此強者不斷感到不安，所以也不會鬆懈下來。在沒有自然差異時，這樣的不安及威脅會導致雙方產生對決意志，而這也會延續到產生戰爭。創造出戰爭狀態的原因就在於力量的原始關係中存在著不穩定。

弱者明確知道自己無法像鄰居一樣強大，因此不會放棄戰爭；但強者相當清楚自己可能變得比他人還要弱，尤其是當別人使用圈套、突擊或聯手等方式，自己便會變得更加弱勢，因此習慣避免參與戰爭。就這樣，一方不放棄戰爭，但另一方卻無論如何都想避免戰爭。

那麼，想避免戰爭的一方只能在一種條件下成功避免戰爭，也就是當他自己準備好面對戰爭，能讓對方看到自己絕對不會放棄戰爭時，便可避免戰爭。但若不是處於可放棄戰爭的局勢，那要給對方看什麼呢？方法就是讓對方懷疑自己是否處於弱勢，最後就能讓對方放棄戰爭。只要對方知道另一方不會放棄戰爭，勢必會先行放棄戰爭。

舉例來說，在一個差異非常細微的不確定對立關係下，力量的關係將在三種要素之間作用。

第一是「表象的計算」，我想像他人的力量，或是想像他人想像我的力量。第二是「即使意志誇大但表達明顯」，讓對方確實感到自己想要進行戰爭，最終也不會放棄戰爭這一事實。第三則是「交錯威脅」戰術，以「我很害怕戰爭，你如果也和我一樣害怕戰爭時我就會乖乖不動」的威脅。

霍布斯所說的「針對萬人的萬人鬥爭」這一自然狀態並非力量與力量之間直

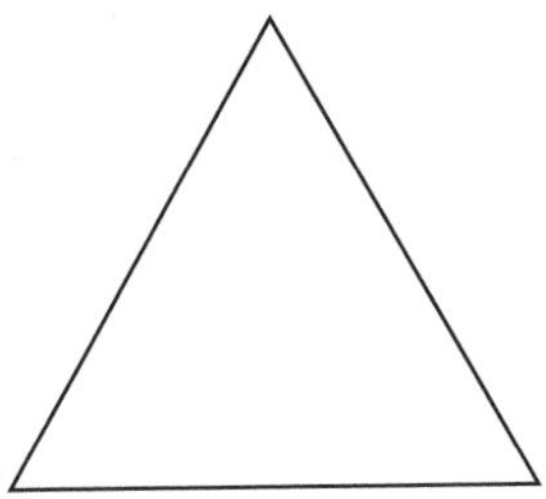

接產生激烈衝突的狀態。不是最初戰爭狀態下遇見對方、交錯對決，也並非使用武器或拳打腳踢，更不是狂暴的殘忍野生動物的力量。霍布斯所說的最初戰爭，並沒有戰鬥、流血，也沒有屍體。他所說的戰爭狀態只存在著表象、炫耀、愛好及誇大的圈套與虛偽的表達方式而已。這裡只存在著誘餌，還有微妙地顯示出與現實相反的意志，更有偽裝成自信的不安感。

霍布斯所說的戰爭是表象互相交流的舞臺，因為這裡令人害怕的是力量不夠鞏固又不穩定。這不是實際的戰爭。生存下來的人不斷抓住對方、啃咬對方的野蠻動物狀態並不符合霍布斯所說的戰爭狀態下的第一個性質。霍布斯所認為的戰爭狀態是不斷調整競爭狀態的一種外交。他用

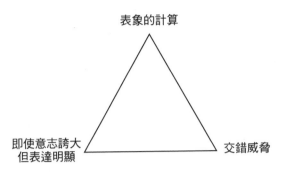

「戰爭狀態」（或是「戰鬥」）取代「戰爭」這一詞。

霍布斯曾說：「不是只有實際的戰鬥與爭吵才是戰爭。能夠充分確認以戰爭狀態互相對立的意志的時間性空間，也是戰爭」。

他所說的時間性空間並非力量本身，而是擁有表象與誇大體制的意志發生作用時的狀態。不是力量之間的直接對峙或戰鬥，而是表象之間出現何種作用的狀態；無法給予安全感、無法固定兩者之間的差異、任一方都無法占據優勢重量時，精細的圈套與計算會同時進行相互作用，這就是戰爭狀態。

傅柯所認為的「一個社會或一個國家裡貴族與平民之間的差異微乎其微時，那麼國家將必定走向衰退之路」就是霍布斯所認為的戰爭狀態。希臘與羅馬自從貴族勢力開始衰退，他們便失去了國家的地位。

以表象理論方式闡述戰爭狀態的霍布斯思想裡能看到現代印象理論原型，這真的相當有趣。

洛克

霍布斯認為自然狀態是「針對萬人的萬人鬥爭」，但洛克卻認為自然狀態是一種相當自由且平等之狀態。

洛克所認為的自然狀態是指「人類在自然法則範圍內調整行動，根據自己認為恰當的方式擁有其所有物及做出動作，是一種完全自由的狀態」。在自然情況下，已經有自然法則為執政著所有，人們並非為了互相爭鬥而存在，人們存在的原因在於人與人之間存在著情感義務。人類於自然大地上勞動，增加了自然的生產能力，同時，將個人的私有財產權握在手中。洛克與霍布斯的自然法概念可說截然不同，形成對比。

洛克認為人們能和平共存的祕訣在於透過勞動提升自然的生產力，人們也能藉此確保生產手段。土地與勞動是價值的泉源，個人所製造的物品是個人的財產，緣於此，人們擁有參與社會的權利——這就是洛克的自然法思想核心。該思想日後對法國革命與美國革命造成相當深遠的影響，也是最「中產階級」的革命思想。

洛克認同自然狀態下勞動分工及貨幣與產物的交換。比起產物的相互交換層面，洛克更加重視透過貨幣累積財富的可能性。的確，貨幣雖然導致財富不平等，但洛克認為社會分工能使生產力獲得發展，整個社會也將藉此變得更加富有；他的理論被認為十分符合自然法。從這一點來看，洛克與盧梭的主張也相當不同，洛克的理論提出了最符合資本主義階級——即中產階級——的意識形態概念。

自然法的自由因抽象而無力量

然而，人的自然狀態真的如同洛克所想，是一個充滿著原始自由的和平世界嗎？

我們可以推測在所有執政、權力、戰爭、從屬之前，存在著某種「原始自由」。相互之間毫無控制關係的個體間的自由，在這樣的情況下，所有人對於他人而言，可能擁有完全平等的自由。實際上，人類在這樣的情況下，於歷史初期可能真的存在完全自由又平等的「自然法時期」。

但這樣的自由與平等實際上並不存在任何力量，也只是一種沒有內容的自由與平等。如同埃德蒙・柏克（Edmand Burke，一七二九～一七九七）也曾說過：「『完美』是抽象的，抽象的自由並非自由。」都只是非實質的抽象、虛構自由，這種自由不僅薄弱，也毫無意義，所以註定在歷史中消失。

歷史是以不平等為基礎來發揮作用的。不存在不平等、所有人都擁有完美平等自由，那即是原始時代，也只有史前時代才有完美平等的自由。因此，即使自然法隨時隨地都存在，自然自由與平等自由依然無法戰勝歷史法則。自由指犧牲他人所獲得的個人自由；唯有保障不平等的自由才具有力量與元氣，屆時該自由才完美。

自由並非禁止踐踏他人的自由而來；不踐踏他人自由、所有人都平等的自由不再是自由。那麼自由是由什麼組成的呢？自由就是獲得他人的物品，並抄截這個物品後獲得好處，進而控制他人、使他人從屬於自己。

自由的第一項基準就是剝奪他人自由。當無法侵害他人自由時，「自由」便無任何用處。那麼具體來說，自由是由什麼東西形成的呢？自由是平等的反義詞，因差異、統治、戰爭及所有權力關係體制而形成。在不平等力量的關係底下尚未顯露出的自由是抽象、無力量且薄弱的自由。

平等也是一樣。自然的平等法則在歷史的不平等法則面前只是種薄弱、毫無意義的東西。因此，自然的平等法則也自然而然地得退到歷史的不平等法則之後。如同法律專家所說，自然法並非創始法，歷史的效力更大，因此自然法的「訴權」也就此消失。歷史法則總是比自然法則強大。法國歷史學家亨利・德・布蘭維耶（Henri de Boulainvilliers，一六五八～一七二二）認為歷史最終創造了「自由與平等」這相互矛盾的自然法則，新的自然法則也比所謂的自然法裡所記錄的還要強大。

歷史與自然在戰爭當中，總是由歷史戰勝；歷史與自然之間存在著力量關係，而這力量關係在決定性時刻總是偏向歷史。因此，自然法並不存在，即使存在，也只是以被征服的狀態存在過罷了。一直以來，自然法都只是個總戰敗於歷史的無力主張而已。就如同西元前一世紀羅馬人前的高盧人（Gaule）、五世紀日耳曼人前的高盧羅馬人（Gallo-Romain）一樣，高盧人與高盧羅馬人的後裔就是現在的法國人。雖然只是單純引用布蘭維耶的理論，但傅柯的想法也是相同的。布蘭維耶自由論，其邏輯也是創造出顛覆性權力理論的傅柯所樂見的。

相信一定有讀者對如此明智、排除所有偽善的這種自由論感到相當不公平。但試想，現在支持擁護有犯罪嫌疑的法務部長官的人們在街頭集會，總是打著自由的名號肆意妄為，「不知恥」、為了聚集力量而吹噓著不合理的事實，不禁讓我思考，比起洛克的單純自由論，傅柯提出冷靜的自由論反而還更有說服力。

作家與財閥的關係

歷史上來看，文人出身於中產階級，雖然他們不參與工業生產，但他們提供中產階級理念，因此被視為最重要的職業。

十八世紀貴族為統治階級，他們失去了自己的意識形態信念，被世俗淹沒。雖然他們嘗試延遲新思想的擴散，但自己反而被新思想侵蝕。他們知道自己的宗教原則與政治原則是確立及維持權力的最佳手段，但他們心裡並不存有信念；他們檢查、沒收許多書籍與文書，並且迫害作者，種種事件都被視為歪理，書裡都反映了統治階級的隱密弱點與絕望嘲諷。

另一方面，從下層階級上升的中產階級跳脫貴族強加給他們的意識形態，同時也想創造適合自己階級的意識形態。這個逐漸在上升的階層，在日趨沒落的貴族面前，慢慢地開始獲取經濟優勢，他們只受一種壓迫，即政治性壓迫。該階層的人已獲得了金錢、教養、休閒，也因為旺盛的讀書熱潮，開始閱讀所有文學作品。原本文學是具教養的部分貴族的專屬領域，但到了十八世紀，被統治的階層反而成為閱讀大眾。

這個階層從悠久的無知中甦醒，學習獨立思考的方法，希望能擁有屬於自己階級的意識。他們使用理性分析（analytic reason）做為邏輯手段，並且建構了中產階級的意識形態。「理性分析」是使用伽利略的分解、綜合手法而成的推理方法；也就是盡量將研究對象分解成最單純、最簡單的認知對象，並在研究後綜合相關資訊。

人類最小的單位為「個人」，因此毫不意外地成為理性分析的第一階段對象。中產階級開始主張人類的權利與個人主義，也拒絕歷史與宗教。這種現象是十八世紀的文學主題，同時也是戰鬥性中產階級思想的核心，即我們在西歐思想史中所說的「啟蒙主義」（Enlightenment）思潮。

中產階級逐漸成為閱讀大眾後，培育作家不再是統治階級的專利。雖然貴族依然支付作家年金（pension），但中產階級才是購買作家作品的主體，也就是說，作家們同時向貴族與中產階級收取金錢。對於父親是中產階級、兒子也是中產階級的作家而言，他們希望看到讀者與自己一樣是中產階級。

作者比一般人更有才能、更清楚歷史狀況，也是清醒的一群；但他們也和其他中產階級一樣，也是受壓迫的一群。也就是說，中產階級讀者要求中產階級作家，希望他們能寫出中產階級的全部真實面貌，並且希望作家能認知到自己的欲望。

然而，中產階級作家們卻違背了一般中產階級大眾的期待，脫離了自己的階級。尚—保羅．沙特（Jean-Paul Sarte，一九〇五～一九八〇）將這種現象稱為「脫離階級」（declassement）。中產階級文人脫離自己原本的階級這一概念是沙特在批評文學與知識分子時常用的概念。所有時代的文人或知識分子總是得脫離自己原本的階級，但問題是，他們脫離自己原本的階級後，階級是往上升還是往下降。這些文人（或知識分子）首次出現脫離階級的時間點在十八世紀，他們是主動脫離階級的，同時，也是被動的。當他們因為貴族的好意而脫離原本的階級時，這就是被動的；若是自己自發想要脫離原本的階級，這就是主動的。

不管是依出身、習慣、生活模式還是思考方式，從頭到尾來看，中產階級作家可能已無法感受到可能是表親的律師或兄弟的鄉村醫生之間有具體聯繫，這是因為中產階級作家擁有表親或兄弟所沒有的特權。這些中產階級作家雖記住與自己周邊中產階級的關係，但同時也跳脫自己的周邊環境。德尼．狄德羅與俄羅斯女帝凱薩琳大帝（Catherine the Great，一七二九～一七九六）一起坐在餐桌上交流哲學對話、伏爾泰受到腓特烈．威廉三世（Frederick William III of Prussian，一七七〇～一八四〇）的寵愛、盧梭一生則在華倫夫人（Mme de Warens，一六九九～一七六二）等貴婦的保護下過完一生，他們的行為舉止、作品文采皆向宮廷或貴族學習而來，不太關心是否能獲得一般中產階級讀者的支持，他們反而比較希望能受到君主或貴族的認可——因為他們的觀念是「封建世代以來文人的名聲、觀念，唯有經過王室認可才能，才算真正有才華」。

雖然當時並非工業社會，但整個社會都能從事生產，無論是挖地務農或用工具製造物品，必須生產某樣東西才能生存下去。沙特在《何謂文學？》裡提到在這樣的社會裡，不進行任何生產但只消費的階級被稱為「寄生階級」，而依附在寄生階級的文人又被稱為寄生階級中的寄生蟲。

中產階級文人雖然獲取貴族給予的生活費，但這並無法等同於「賺錢」，因為「賺錢」是自己的勞動及代價之間具有共同的標準尺度，但貴族給文人金錢並不是因為文人提供任何勞動（或作品），貴族只是隨著自己的心情好壞「撒錢」給這些文人罷了。若貴族覺得這些文人行為有點無理取鬧時，便會毫無猶豫地冷靜「提醒」這些文人的出身階級。伏爾泰遭貴族施以鞭刑、入獄，逃亡至英國，也曾受誹特烈．威廉三世無禮汙辱，他的一生就是勝利與恥辱的交錯。若有抵達溫暖陽光照耀的山頂，也會在一瞬間便掉落陰沉的溪谷下，人生過程如同雲霄飛車般直起直落。伏爾泰的人生充滿著起伏，而他「不平淡」的人生，彷彿就像冒險家的人生。當伏爾泰受羅昂騎士沙伯伯爵（Count Shabo）處以鞭刑時，他的貴族保護者們冷淡以對，袖手旁觀，但之後當伏爾泰受政府懲罰時，貴族們又站出來保護他。不只伏爾泰如此，盧梭、狄德羅也是如此。

各位可以回想電影《阿瑪迪斯》裡的莫札特，相同時代的音樂家在廚房裡用餐，但這些中產階級文人卻在大領主的家裡與主人一同用餐。這些文人對大領主態度尊敬，也與貴族相互交流、對話。對待這些文人，貴族有時就像真誠的朋友，但有時卻是殘忍的統治者。作家們並無法確實認知實際狀況，只認為與貴族之間的交流能讓他們輕鬆提升名聲達成夢想。其他中產階級也一樣，對於貴族抱著崇高的尊敬，想到自己能被允許進出特權勢力家門，感到雀躍不已。雖然這些中產階級有時候會得到侯爵夫人短暫的愛情，但實際上與他們結婚的對象卻只是這些侯爵夫人的下女或石匠的女兒。這些現實中的狀態都能引發精神分裂。

中產階級文人的閱讀群眾及作家意識嚴重分裂。關注物理學、化學的貴族會邀請他們到自己的實驗室；喜歡文學或哲學的貴族，還會招待他們到自己家裡，一起討論相關議題、結交朋友，運氣好的話，甚至會收到國王的好意邀請，前往宮殿與國王一同交流。這樣的中產階級作家可能會認為自己是中產階級，但絕不會將自己視為貴族；因為這些中產階級作家已不再過著中產階級的生活，但即便如此，他們並未擁有貴族所擁有的爵位。雖然他們四處與貴族一起交流對話，但總是過得戰戰兢兢，害怕自己隨時會失去寵愛，可是這群人又過著貴族般的生活，所以無法與自己出身的階級繼續互相融合，最後，這群中產階級作家依然扮演傳遞自己階級訊息的角色，就像翻譯般。

貴族寵愛這些中產階級文人的原因也在於此，阿格森（d'Argenson）侯爵等人對於自己的清醒感到驕傲，這些少數貴族改革主義者們已經預知整個王國已開始從底層崩塌。這些貴族改革主義者大部分允許如英國中產階級精英加入，但也默默期待保障貴族特權的新體制到來。他們視中產階級精英的代表作家與己同出，讓他們備享禮遇原因便在於此。

對於中產階級作家名聲十分敏感的腓特烈．威廉三世及凱薩琳大帝，都希望將這些作家打造成自己的宣傳人員。實際上，伏爾泰隱匿了凱薩琳大帝的幾件暗殺事件，在整個歐洲為此感到驚訝又關注的同時，他稱凱薩琳大帝為「北方的賽米拉米斯」。「賽米拉米斯」（Semiramis）是傳說中的女王，她征伐印度並建造巴比倫帝國莊嚴建物，是亞述王國及巴比倫王國的女王。

然而，貴族們絲毫沒有將文人變成合法貴族的想法，對貴族而言，作家只有宣傳人員的價值，而且是取悅他們的人。正確來說，作家對貴族而言，只是偶爾可以一起討論科學與藝術的「低階層朋友」罷了！

但作家對於自己身分的「分裂狀態」並未感到太痛苦，反而在過程中覺得自豪。十八世紀作家的其中一項特徵——「高空（survol）意識」形成，即指作家們跳脫自己原有的身分，擺著彷彿遨遊在天空中眺望大地般的抽象姿態。作家們不屬於任何一邊，而是跳脫所有階級，從所有人上方往下看，認為自己代表所有人類。因為他們認為，自己與郡主、公爵、中產階級等各式各樣身分的人交流，而那些交流對象都是人類，自己也是人類，所以才會實現這樣的交流。而這些作家們看待貴族的視線較不同的原因，單純是貴族的特權以及他們認為身為貴族的義務，使得他們內心深處的單純被隱藏了。

無論十八世紀的作家們怎麼想，他們建議當時的中產階級讀者發動叛亂，也不斷批判統治階級，要對事件有清晰洞察力及自我批判，更呼籲統治階級要放棄特權。中產階級作家們為了使壓抑自己的封建體制勢力趨弱，乾脆批評整個社會形態（盧梭）、批評整個政治（孟德斯鳩）、主張所有人類的法律平等（狄德羅）、主張宗教寬容（伏爾泰），或主張經濟自由（勞恩男爵安・羅伯特・雅克・杜爾哥）。這些所有主張完全沒讓中產階級擁有的物質財產受到一絲絲損傷，但卻讓整個既得勢力及特權階級變得搖搖欲墜。

盧梭

法國大革命可說是由盧梭（Jean Jacques Rousseau，一七一二～一七七八）所計畫的，因為盧梭辭世十一年後，在法國大革命裡扮演重要角色的人們，都稱盧梭為自己的「精神之父」。

與將自然狀態視為「針對萬人之萬人的鬥爭」的霍布斯不同，盧梭認為原始自然狀態才是人類最為幸福的美好時間，他主張人類所有不幸與罪惡都來自社會。盧梭常被稱為反文明的悲觀主義者、神祕主義者、浪漫主義者及反對中產階級社會的反啟蒙主義者。但看似擁有反中產階級社會思想的盧梭，反而最具有強烈的中產階級革命思想。

十八世紀的中產階級並未發現自己所屬的階級利益就是推翻統治體制的核心，他們只是茫然地做否定思考（negation），當代的中產階級作家也都只會單純地否定所有事物，他們否定了自己的階級，也否定了宗教和所有既有的概念。然而，這樣的否定反而招致貴族的沒落。也就是說，堅信否定自己階級的作家實際上對自己的階級做出相當大的貢獻。

為了打倒統治體制，必須否定該體制，當統治階級的絕對性權力將否定統治體制視為最大禁忌，並向倡導者處以嚴重處罰時，中產階級只能巧妙地逃避相關檢查，並且否定整個統治體制，而這唯一一條道路就是否定並拋棄整個社會體制。盧梭認為人類的歷史就是「不平等的擴大」的歷史，也是「樹立專制政治」的歷史。他也認為人類的歷史擴大了詐欺、使人類墮落、讓罪惡不斷積累。盧梭認為經濟發展的過程，是財富集中少數人手中、多數貧困，是使問題變得更加深化的過程。

盧梭的《論人類不平等的起源和基礎》中提到批評文明，內容如下：

「若一個人在土地上敲打著籬笆，並告訴他人『這是我的』的話，其他人可能會毫無懷疑的相信，而如此單純相信對方的人就是一開始發現的人，他也是文明社會的創始者。此時，假設若有一個人站出來拔出木樁、填補水溝，並向同伴們吶喊『那個人是騙子，不要相信他。土地上的所有果實是我們所有人的，土地也不屬於任何人，如果大家都忘了這個事實，那麼你們即將或走向毀滅之路。』的話，那麼這個人就是一個將人類從犯罪、戰爭、殺傷、悲慘與恐懼裡解救出來的人。」

洛克認為人類在自然大地上勞動，增加大自然的生產力，同時個人手中也握有私人財產權，這是神與人類理性的命令；但與洛克不同，盧梭以否定的視角看待人類勞動。他認為人類是單獨個體，過著自由又善良的生活，在獨立的狀態下可享有交際與快樂，當一個人需要與他人合作的瞬間，平等狀態便會消失，「私有」因素出現，之後便需要「勞動」，最後導致占地廣大的森林樹木被砍光，這塊地變成平地後，勢必一定要有人付出勞力，反而在收穫的同時，讓奴隸狀態與悲慘種下嫩芽，最後逐漸成長。這就是社會與法律的開始，社會與法律對弱者而言是各式各樣的鎖鏈，對有錢人而言卻是新的力量，這個狀態完全破壞了自然的自由，讓財產與不平等的法律永遠膠著，創造出無法取消巧妙篡奪的權力。因此，為了少數野心家的利益，所有人便在勞動與奴隸狀態下走向悲慘之路。

盧梭認為人類的不平等分為三個階段：確立財產的權利與法律、建立司法制度、將合法權力轉換為隨意權力。他認為區分有錢人和窮人屬於第一階段、區分強者與弱者屬於第二階段，區分主人與奴隸為第三階段，而第三階段真的就是不平等的最終階段。也就是說，在自然狀態下完全不存在不平等，因此也不會有猜忌、憎惡、不幸等東西存在，但隨著私有財產確立，人類的不平等便開始了，為了保護個人的私有財產，便出現了法律，一開始認為沒有必要的權力形成合法規範法律的權力，但最後這種權力卻變成一種恣意的權力，彷彿他們是從上帝那裡獲得這權力一樣，最後整個階級制度不再出現變化，才有現在的階級社會出現。

根據盧梭的看法，他認為因私有權而開創文明社會的開創者針對這個不平等狀態進行立法，進一步合理化一切，並成為國家的執政者。而擁有優越才能的強大力量者，則實現了土地的排他性占有，從法律上來看，這個占有行為也被合理化；但這個法律其實是強者（有錢人）欺瞞弱者（窮人）而建立的，最後這個社會就會成為專制政治國家——這也是盧梭為何否定整個社會體制的原因。

沒有比文字的力量還要可怕的東西了。十八世紀啟蒙主義文人們認為自己是比貴族還要優越的精神性貴族，但他們卻沒認知到他們優越地位來自於自己的所屬階級。雖然他們不斷輕視自己的階級，但這些文人卻在無意識下，不斷理解自己的階級。一般中產階級不會責備作家的背叛，而是接受這些理論，並將這些理論作為武器，於一七八九年引起法國大革命，最後擊潰貴族舊制度。

自稱盧梭弟子的年輕革命家們不斷喊著「優先看待民眾生存權等所有權力，提升德望的執政」的口號。但著名的《人權宣言》（*Déclaration des Droits de l'Homme et du Citoyen*）卻明文規定所有權是神聖的、不可侵害的，以及擁有財產時的投票權限制等內容，明顯說明法國大革命就是中產階級革命。

·14·
亞當·史密斯

組成資本主義的兩大支柱是「市場經濟」與「私有財產」。在這個體制下，任何人皆可自由營運商工業、賺取金錢，並安全地擁有自己所賺的財產。

福利國家論在二次世界大戰後出現，雖然使得亞當·史密斯提出的自由放任主義的關注度降低，但一九八〇年左右，新自由主義受到全世界關注與重視，因此自由放任主義便再次獲得發展力量。海耶克、傅利曼及詹姆斯·M.·布坎南（James McGill Bunchanan Jr.，一九一九～二〇一三）等代表新自由主義者們批判政府為了打造福利國家而介入經濟，並主張讓史密斯的自由放任主義再次浮出水面。

十六到十八世紀，發生宗教改革及公民革命，這期間西方出現了最初的資本主義——商業資本主義。在這些運動當中，主張打破宗教與社會舊制度的就是中產階級。資本主義的發展，也讓新勢力登場主導社會，這些中產階級主張廢除身分差異、萬人社會平等，以及宗教、思想、出版、集會與結社自由，保障私有財產權等個人權利，亦主張自由的前提：寬容。

在十八世紀有近代經濟學始祖之稱的英國亞當．史密斯，批判主導經濟的重商主義（**mercantilism**），首次條理分明地提出自由主義經濟觀，即經濟自由主義。洛克在《政府論》（*Two Treatises of Government*，一六九〇）裡完成政治自由主義思想論述後，史密斯於《國富論》裡提出經濟自由主義理論與思想，正因如此，古典自由主義才趨於完成。

「國家應僅建立正義的法律，讓所有人追逐自己的利益、自由賺取金錢；如此一來，所有產業將會依據上帝創造的自然法則自然發展，所有人也將擁有好的生活。」

這也是亞當．史密斯提出的經濟自由主義核心。

商業資本主義

資本主義經濟是在私有財產制度下以追求利潤為目的，也是資本家僱用支薪勞工生產商品的市場經濟。

「市場經濟」（market economy）指的是以大部分生產物作為商品，並於市場中買賣。沒有私有財產與階級分化的市場經濟是不存在的，因此，我們也可以說市場經濟與資本主義經濟實屬同一件事。

資本主義興起於十五世紀，隨著莊園制度（feudal manor system）沒落而出現，此時初期的資本主義其實是商業資本主義。

「莊園」指的是歐洲封建制度中的一種型態，為十一至十三世紀期間，具有自給自足統治性質的經濟單位。領主最小的統治單位為村莊，在村莊裡，領主擁有與國王相同的權力。領主的城堡大多位於莊園正中央，因此可一眼看清整個莊園。教會在莊園裡非常重要，中世紀人民無論生死，皆無法離開教會。莊園裡負責勞動的為「農奴」（serf），他們與古代奴隸相同，沒有居住搬遷自由。農奴每週至少須為領主工作（公共勞動）二到四天，他們必須砍伐領主的森林、拔草、執行道路工程等。當這些臨時的公共勞動變多，領主們開始強制農奴繳納稅金或呈貢生產物，除此之外，還強調農奴應服從領主的審判權，農奴的子女結婚，所有活動皆須經領主干涉及核准。若繼承死者的財產，必須支付相當高的土地繼承稅，無繼承人的死者財產也可能被沒收。當災害、饑荒不斷，戰爭或內亂頻仍，甚至大豐收時，農奴皆無法確保獲得充足的生活物資。

農奴的生活總是十分悲慘，中世紀末常發生農民戰爭。十四世紀末，英國各地發生了大規模的農民暴動，法國和德國則分別在十四世紀中葉及十六世紀發生農民戰爭。直到最後農奴的公共勞動減少到一年只須提供勞動數日或完全廢除。

與此同時，以都市為中心的貨幣經濟日趨發達，領主對於貨幣的渴望也不斷提升，因此比起繳納物品實物稅，領主開始偏好收取現金。領主的直接經營地開始變成託營地，而託營地逐漸轉換為自由耕種制度，莊園經濟也走向了沒落。

散作制度（putting out system）與圈地運動（enclosure movement）對於商業資本主義的扎根扮演了相當重要的角色。

散作制度是由商人先向提供技術的人付原料費用，讓技術人員製造商品後，商人再拿走商品並出售。中世紀匠人擁有自己的工作室及工具，他們僱用學徒、購買原料、生產商品，甚至銷售商品，是獨立的小規模企業。但漸漸地匠人只負責生產，原料的提供與商品銷售開始由商人負責，這就是我們所說的「散作制度」。過去做手工的匠人負責生產到銷售商品等過程，但到了十六世紀，大部分皆被散作制度取代。支付費用的商業資本家即使控制了大部分的生產過程，但由於勞動者（技術人員）擁有自己的工作室及工具，因此當時勞資雙方並未明確分離。

散作制度始於十二世紀後半的紡織工業，隨著貿易比重增加，織布、紡織、染布等內部專門工程已經分化，因此套用散作制度將會讓整個過程變得更加簡單。當然，在這之前，也有連接鄉村與都市的商人網絡，運輸手段也發達，因此散作制度才得以快速擴散。

到了十五至十六世紀，散作制度幾乎已經擴大套用到所有出口產業。工廠手工業（manufacture）取代家庭手工業，之前散作制度所製造的半成品，由工廠生產出最終產品。

「圈地運動」是在過去原本用於共耕的公有地（open field）上架上圍籬或標示界線後，將公有地化為私耕地的運動。

在共同耕作或畜牧的空地上架上圍籬、劃為私人耕地，就像時代潮流般，許多人紛紛加入。圈地運動起源於十三世紀的英國，到了十五世紀末期至十六世紀最為流行，到了十八世紀後半又再次達到高峰。最後的結果就是讓中世紀的莊園制度完全崩潰，許多農民失去共耕地，只好在商業化後的農業或製造業裡當一名領薪的勞動者。此時，包含貿易的商業，成為創造利潤的主力產業，商人也在經濟活動當中扮演主導的角色。

工業資本主義

十六世紀之前，匠人擁有工作室及工具，之後逐漸演變為商業資本家擁有工作室及工具，他們直接僱用勞工並生產產品，此即為「工廠手工業」（manufacture）。這時候開始，勞動與資本已經完全分化，該型態即「工業資本主義」，主要由製造業創造利潤並累積資本，此即製造業資本家扮演主導經濟發展的資本主義。十八世紀末到十九世紀初，英國出現全球第一波工業革命，間接使得商業資本主義發展為工業資本主義。

「工業革命」（Industrial Revolution）指利用機器動力使工廠生產方式快速擴大。由於工業革命結合了機器動力的使用與工廠制生產方式，讓工業生產能力大幅提升，這是過去無法相比的。

工業革命並非只改變了生產方式，就連政治、社會、文化與經濟等領域皆使人類社會完全變成另個樣貌。都市人口逐漸集中使得都市規模不斷擴大，開始使用鐵路與大型船隻，封建身分制度崩潰也帶來薪資勞動者與資本家階級制度的出現。此外，當時普遍的貧困問題獲得改善，但代價就是環境遭到破壞。另外，女性權利獲得重視，民主制度發展基礎也逐漸穩定，獲得教育的人變多了，休閒、體育發展越趨發達，這些都是因為工業革命使得工業進一步發展而出現的後續效應——也就是我們說的「現代化」。

首次的工業革命發生在英國，直到二十世紀初為止，英國為全球第一大工業國家，無人能敵。阿諾爾德・湯恩比（Arnold Toynbee，一八八九～一九七五）首次使用「工業革命」一詞，他認為工業革命發生在一七六〇年至一八二〇年間。

當然，並非只有英國發生工業革命，英國在工業革命時期，也與外國經濟交流，並扮演著推波助瀾的重要角色。雖然許多人認為英國資本主義的發展屬於「自然的」或「內在的」發展，因此有不少人士看輕英國資本主義發展過程中與海外之間的交流，但資本主義發展初期，與外國進行物品交流對英國而言也相當重要。十七世紀末，英國的海外貿易已十分活躍，海外貿易額僅低於荷蘭。此外，英國從荷蘭引進農業、造船與金融技術，更進一步促進英國經濟發展。不只英國，歐洲國家自中世紀起，國際貿易、資本與技術流動很活躍，所有國家都與外國進行過經濟交流。也正因如此，「英國資本主義是以自然方式發展而來的」這句話並不恰當。另外，在任一個時代的任何經濟發展下，與外國貿易一直都很重要。我認為與外國進行活躍的經濟交流能促進經濟發展，可以想想一九六〇年代以後的韓國與現在的中國、印度，均是如此。

工業革命後，使用機器動力的工廠轉變為一般生產型態，近代工業也開始快速發展，使得受薪勞工與資本家階級完全分化。產業透過工業累積資本，工業資本主義也因而確立。

工業革命除了帶來工商業的發展，也使金融業出現新的樣貌。一六六〇年斯圖亞特王朝復辟以後，倫敦市內富有的金匠大多扮演著「銀行」的角色。他們以存款證書發行銀行本票，也向信用高的企業人士提供資金貸款。一六九四年英國央行（英格蘭銀行，**Bank of England**）成立並壟斷了銀行本票的發行。然而，原有的銀行依然繼續承辦存款業務及透過折現票據進行貸款業務。十八世紀後半，地方銀行數量也大幅增加。

十八世紀時，交通網絡發展迅速：由民間企業施建的付費高速公路擴建，運河亦在十七世紀後半正式開始建設，一七五〇到一八二〇年間，共建設了三千英里的運河。

亞當．史密斯所處的十八世紀英國是一個市場經濟發達的社會，該時代最需要的是中小工商業者，而這也讓經濟活動變得自由，這也是為何史密斯主張經濟自由的原因。這個時期尚未出現貧富差距、階級矛盾、壟斷、定期不景氣等資本主義的典型問題，可能也正因如此，史密斯對於資本經濟的看法總是抱著樂觀的見解！

史密斯的自然神論

神話理論當中分為有神論（theism）及自然神論（deism）。過去傳統基督教認為人類社會或自然中所發生的所有個別現象皆來自於神的直接干預——也就是「有神論」；與此相反，主張神並非直接干預人類社會或自然的個別現象，而是創造一個巨大的概括性自然法則，人類社會及自然則依據該自然法則發展下去——即「自然神論」。

近代自然科學的發展，尤其是艾薩克・牛頓（Isaac Newton，一六四二～一七二七）發現天體物理學（astrophysics）的萬有引力之後，打擊了有神論。十七世紀後半，牛頓認為夜空裡的星星是根據一定的法則有條不紊地運行才得以發光，此後關於「人格神」的信賴度便就此崩潰。

為了與自然科學協調發展，自然神論登場了。依據自然神論說法，牛頓發現的自然法則是上帝創造出的自然法則：創造宇宙萬物的神創造了宇宙萬物運行法則，人類社會與自然的包羅萬象皆根據該法則有條不紊和諧運行。自然神論以十八世紀蘇格蘭啟蒙思想為中心，在英國知識分子當中廣為流傳。

史密斯的神學思想偏向自然神論，這可透過其著作《道德情操論》（*The Theory of Moral Sentiments*）輕易得知；他在該著作裡常以「偉大的工程師」（Great Engineer）、「建築家之神」（Divine Architect）或「宇宙監督者」（Superintendent of the Universe）等詞描述創造萬物之神。史密斯認為神不只創造宇宙的種種萬象，更創造了萬物運行法則，即神的「自然法則」；世界萬物則根據該自然法則和諧有序地運行。他認為在夜空閃閃發亮的星星看似毫無秩序，其實都依據神所創造的自然法則有秩序地運行；看似無秩序的人類社會其實也是依據上帝的自然法則有序運作。亞當．史密斯的倫理學與經濟學，其目的在所有上帝創造的法則當中找到人類本性及經濟規律。

全宇宙都在事物被創造時，根據最能實現創造者的目的方式移動。舉例來說，時鐘的齒輪被創造，即為了達到「指出時間」這一目的。不是時鐘自己本身自帶的，而是由時鐘製作者帶著這樣的意圖去設計時鐘。上帝就像時鐘製作者般存在，也就是最近所說的「智慧設計師」（intelligent designer）。但上帝的法則就像一雙「看不見的手」或「萬有引力法則」一般，藏在我們的生活當中，而人類卻單純地認為所有行動皆源於自己的意志。然而，這一切都只是依照上帝的目的在運行罷了！

也就是說，每個個體雖然希望依自己所想而行動，但結果卻形成整體協調一致，無預期實現了上帝所期待的目的。努力追求自身利益的過程中，每個人受到「看不見的手」引導，進而促進整個社會的利益；此即亞當・史密斯主張的「自然的欺瞞」（deception）。人或任何個體雖看似皆依照自己的意願行動，但其實是依照上帝的自然法則，在不知情的情況下實現造物主的目的——這個法則即著名的「看不見的手」。

自然與社會萬象皆由上帝創造及運行，為實現上帝的目的所創作的，因此自然與社會並不需要多做些什麼，便會自然地互相結合、調節——即「自然和諧論」（theory of natural harmony）。廢除政府的干涉、實現自由的狀態時，便會呈現上帝的自然法則、實現和諧的統治狀態；因此，自然和諧論可以被視為自由主義的基礎。

最重要的是，亞當・史密斯並不認為自私心理是不好的，反而以正面態度評價它；也正因如此，自史密斯以後的近代經濟理論皆與從前視自私為罪惡的基督教倫理有所差異。

自私心理

史密斯透過數個觀點指出自私心理來自人類正面本性。

第一，他認為所有生命體皆追求保護自己與種族，這就是自私心理。這樣的自私心理是個人欲望，也是自然賦予的一種義務。為了保護自己，必須有自私心理，因此不應受到譴責，而該正面看待；此外，想獲得他人認可、尊敬，也屬於一種自私心理，這種渴望也是個人美德與社會利益的來源。

史密斯曾說過「想要做到獲得名譽又高貴，或是希望自己能成為受尊敬又被認可的對象，不能只憑空說出虛無飄渺的話語。我們所關注的事物也許不是物質的安樂或享受，而只是虛榮罷了！『虛榮』指的是總是相信自己、總是希望獲得他人關心與認可」，史密斯的這段話讓我聯想到黑格爾的「認可爭論」（recognition struggle）。史密斯還說「讚揚或幾乎崇拜富裕又擁有權勢的人，輕視或無視卑賤又貧窮的人，是對我們道德情操最大、最普遍的損害。」他還說「我們過於重視自己的財富、隱藏自己的貧窮，是因比起自己的悲傷，自己的喜樂反而更能得到共鳴。即使我們的痛苦在大眾面前公開、我們的狀況暴露於大眾眼前，但大眾卻連我們一半的痛苦都感受不到，沒有什麼比這個還要更悲慘了。其實我們想要追求財富、避免貧窮，都是源於人類的這種情緒。」說明追求財富與被認可的欲望兩者是相連的。

從個人層面來看，雖然可被視為愚笨人類的自私心理，但當全部自私心理因素聚集在一起時，便會導致個人與社會發生唯一一種結果——即為了獲得名望與權勢，人們虛幻地努力，非本人執意所願的經濟與社會發展也不知不覺地出現，史密斯相信這部分與自然和諧是毫無相關的。

「激發人類的勤勉，並讓人繼續工作的就是這種『欺瞞』（只追求無意義的財富與權勢）。正因如此，讓人類首次在土地上耕種、蓋房子、建造都市與社區，使人類生活變得更加富足與高尚，皆是拜科學與技術不斷發明、改善而產生的。」

「國富論」

近代啟蒙主義時代最重要的爭論是「人類社會是否需要政府」。一派說法是，人類本就貪心、自私，若沒有政府用法律及權力管理，整個社會便會陷入弱肉強食的混亂狀態，因此這派人士主張人類社會需要國王執政的政府；這個論點是霍布斯等王權擁護者支持政府規制及王權的有力依據。

但另一派——即自由主義者——則主張必須廢除政府規制及限制王權。為了提出這樣的主張，自由主義者必須提出「即使沒有政府規制，國民自由活動，也能使整個社會和諧運作」這一自然秩序存在的證據。從經濟層面來看，這種自然秩序便是因「市場」而自然發生的和諧秩序。首次清楚說明這種自然發生的和諧秩序便是亞當．史密斯的《國富論》（*The Wealth of Nations*，一七七六年出版，全名為《國民財富的性質與原因研究》〔*An Inquiry into the Nature & Causes of the Wealth of Nations*〕）。

史密斯在《國富論》中提出「勞動決定價值」的「勞動價值理論（labor theory

of value）」。他認為金錢具有價值的原因在於一個人不工作也能獲取自己想要的東西，也可用錢獲得因他人工作而創造出來的東西。這也就是在分工社會裡個人的財富對於他人勞動力的支配力。

史密斯認為「人類富裕或貧窮，在於擁有多少日常生活、便利性用品，以及可享有的娛樂用品的比例高低。過去，這些東西都是在家裡製成的，但隨著分工社會越來越進步，使得只有極少數的日常生活用品需要自己製作，很大一部分則必須藉由他人製作而獲得。正因如此，自己能支配或是能購買的他人勞作的量，便會決定變得富有或貧窮。」

價值的泉源就是勞動，而商品價值將依照投入生產該商品的勞動有多少而決定。史密斯的勞動價值理論整理出，商品的交換價值與投入生產該商品的勞動量相同；也就是說，投入商品生產的勞動就是評估商品價值的標準。

史密斯曾說「勞動是判斷所有商品交換價值的真正標準，所有物品的真正價格（real price）就是獲取該商品時所須花費的勞動與辛勞。對獲取物品後賣掉它或與其他物品交換的人而言，該物品的真正價值建立在他人先行勞動而使自己免於勞動的基礎上。」

史密斯認為「勞動是商品的真正價格，貨幣只是名義上的價格罷了！」

然而，認為商品價值與生產時所投入之勞動時間成比例的勞動價值理論，實際上卻無法套用在現實生活當中，因為每個作業與勞動強度、技術不同，也很難找到可以統一套用在所有種類的勞動上的測量方法。想要測量機器生產、間接投入人力勞動的量，更是難上加難。從這一點來看，史密斯提出的勞動價值理論作為嚴謹的價值理論是不完整的。而史密斯本人也指出，商品價值與勞動過程是不同等的，也會在市場上因討價還價而有所調整。

雖然從理論上來看是有局限的，但史密斯的勞動價值理論提出了有關財富本質的重要觀點：社會的財富來自於生產，勞動是因人類進行生產活動——這見解比之前的重商主義及重農主義還要進步。重商主義者認為金或銀就是財富，對他們而言，獲得金銀的商業，尤其是貿易業，是增加國家財富的產業。而重農主義則認為土地為財富（價值）的泉源，直接從土地獲取產物的農業，才是累積國家財富的根源。

市場信號的功能

從資訊的獲得來看，市場商人較政府還要快速、優越。與所有決策相同，經濟活動決策最重要的就是必須知道正確資訊與數量。但投資與生產的決策、商品交易、職業選擇等所有與經濟相關決策中所須的資訊，當事人比政府知道得更多、更正確。

市場具有調節私人利益與公共利益的功能。當個人追求私利而進行的經濟活動與公共利益互相衝突，將導致社會矛盾、無法獲得和諧狀態。因此，我們必須擁有調節個人追求私利的機構，市場即扮演這個重要角色。

當市場的交易使雙方都能獲得利益時，自發性交換便會實現。個人自由選擇職業、製造產品後，再與提出最有利條件的人在市場上進行自發性交換。市場上，追求私利的行為能提供交易雙方的利益，使交易人皆可獲得利益。倘若，任一方無法獲得利益，自發性交易便無法實現。市場經濟並不會將私利轉換為公利，市場機構也不會將私利轉換成公利；交易雙方只在市場裡獲得利益而已。

市場也能擴大公共利益，當然，我們無法得知個人如何透過商業行為對整個社會做出何種貢獻，但我們知道，個人會為了獲得自身安全，會努力讓自己的行為獲取最大價值，目的皆在於獲取自身利益。正因如此，個人也與大多數人一樣受「看不見的手」影響，不斷朝著自己非刻意訂立的目標前進。然而，即使個人並非刻意，但當他做出某種經濟行為時，他的行為就會對社會產生有限的貢獻。為了追求個人利益而增進社會利益，有時候比政府的行動還更有效。我們也常看到嘴上說為了增進公益而做的人，但其所為不一定是在做好事。

市場的另一個優點就是「信號功能」（signaling function），市場具有調節每個個人追求私人利益時避免發生衝突的功能。舉例來說，一名麵包達人為了自己與家人的生計所以製作並銷售麵包，若他的鄰居能夠獲得所需的麵包量，這就是市場機構的私人利益調節功能。此外，市場也具有傳達企業投資、生產及消費者相關資訊的功能——這就是「信號功能」。

某個商品銷售量持續增加時，生產者便擴大生產及投資；反之，當某個商品銷售不佳導致庫存增加，生產者便會減少生產，甚至放棄投資。當供給方獲得

「供給量不足導致某種商品價格攀升」資訊後，便會增加供給量，而消費者便會減少消費，如此一來便可解決供給不足的問題。當供給不足、收益率高的產業便會吸引更多投資、擴大生產；反之，供給過剩的產業收益率變低，投資自然減少。也就是說，市場就像號誌燈一樣，會向生產者與消費者提供商品銷售量、價格、收益率變動等相關資訊，發出需要增加或減少生產與消費的信號。也因為有這樣的號誌燈存在，整體上來看，資本主義經濟社會中，商品僅須生產所需的量，而這些生產量也可被消費。雖然無法完整做有效的資源分配，但相較來看仍是相當成功的。

除此之外，市場也扮演減少集權者及官僚腐敗追求利益的角色，即降低現代經濟學裡所講的「政府失靈」（government failure）情況。政府官僚也是追求私人利益的人，當公共利益伴隨私利時，官僚可能會藉此濫用自己的權限。國王與政府的貪婪欲望可能導致劣幣（bad money）產生，無能又腐敗的官僚可能藉法律之名掠奪百姓的利益，政府的浪費可能導致國家經濟走向衰亡，這都是「政府失靈」。唯有減少政府監管並實行市場經濟，才能盡量減少政府失靈的情況發生。

控制是萬惡根源

史密斯為了證明政府的控制毫無任何效果，因此舉了「利息禁令」的例子。若官方禁止借貸，需要錢的人更難借到錢，利息也會變更高。因為他們必須用更高的利息向非法高利貸業者借錢。

史密斯在《國富論》裡曾提到：「愛德華六世時代（一五四七～一五五三），由於宗教狂熱，禁止所有利息；但這樣的禁止舉措也與相同類型的東西一樣毫無任何效果，反而助長了高利借款的行為。」

他也認為穀物買賣控管是造成饑荒的原因。由於並非所有區域皆會發生穀物歉收情況，若允許穀物進出口及價格變動，因各區域之間穀物貿易與價格變動產生的消費便會自動調節，發生穀物歉收的區域也能解決糧食不足的問題，如此一來便可避免發生慘烈的饑荒。史密斯認為饑荒的發生起因於穀物交易控管及價格規範，妨礙了穀物的自由流通。

V保守主義與自由主義

·15·
埃德蒙·柏克的保守主義

一七八九年七月十四日巴士底監獄被攻陷後，法國大革命就如同乾枯草原上的熊熊烈火，戰火不僅發生在法國境內，更蔓延到鄰國，使鄰國陷入衝擊。

隔一道海峽的英國也發生了陣陣騷亂，改革論者主張英國也必須引進革命的真理。他們認為法國革命精神與英國自由主義相似，因此英國也要進行革命。埃德蒙·柏克（Edmund Burke，一七二九～一七九七）對此感到相當驚訝，在著作中指責革命的錯誤與危險，即《對法國大革命的反思》（*Reflections on the Revolution in France*，一七九〇），該書日後更成為全世界保守主義的經典書籍。

柏克在書中提到海峽對面的法國騷亂事件是「以十分不合理又可笑的方法，並以可笑的方式、隨意利用最受輕視的工具做最令人驚訝的事情」。他認為法國的騷亂事件就像一種詭異的喜劇和悲劇，除了輕佻與殘忍，也參雜著各種罪惡與愚昧，光看這場鬧劇，便會湧上輕視與憤怒，笑容與淚水，譏笑與恐懼也交錯出現。他以此情緒比較英國自由主義的原因，在於他認為這是海峽兩邊的國家，即英國與法國中少數人做出的雙重欺瞞。他還在書中比喻，英國將與英國完全無關的仿製品稱為英國產原料，以非法方式裝載在船隻底層，出口至法國，而法國人則根據法國最新流行趨勢加工這些物品；部分英國人再計畫將加工後的商品偷偷進口至英國。從這裡看來，法國巴黎當時應該也引領著最新流行趨勢。

該書雖然在法國大革命爆發一年後出版，但柏克的預測與現實相符，法國在五年後陷入恐怖政治。柏克深遠的洞察力直到現在依然發光發熱，他在書裡展現強烈意志，公開呼籲必須保護現有體制與制度，該書當時不僅有效阻擋英國改革論者不扎實的改革理念，日後更成為全世界保守主義的經典書籍。

重視自然秩序與神的自然法則的柏克，以宗教方式理解人類歷史，他認為人類的理性有局限，因此無法輕易擊破上一世代執行的體制與制度，即「知識理論性的懷疑主義」。此外他也認為，群體利益比個人利益更為重要。

雖然《對法國大革命的反思》寫的是關於法國大革命的政治與社會省思，但這也像一本觀察鄰居大叔的回顧錄般，有它有趣的部分。書裡提到一七八九年十月五日巴黎婦女遊行前往凡爾賽，強行逼迫王室家族事件，還有他親眼所見不幸的王妃瑪麗·安東妮（Marie Antainette，一七五五～一七九三）的故事都相當生動。

一七八九年十月五日　凡爾賽婦女大遊行

巴士底監獄遭攻陷三個月後發生的「凡爾賽婦女大遊行」，使得當時呈現平靜狀態的革命獲得新動力。

經過充滿著混亂、驚訝、狼狽與殺戮的一天後，一七八九年十月六日清晨，法國國王與王妃依然沉睡在比平常還要多幾小時的睡眠當中。王妃因為聽到門前護衛著急的聲音，便從睡夢中醒來。護衛哭喊著要王妃盡快逃走保存性命。

就在這一瞬間，示威群眾衝向護衛，護衛馬上被亂刀砍死。殘忍的暴徒與刺客成群結隊，空氣中散發著血氣，這些人衝進王妃寢室，刀槍不斷亂刺王妃的床；王妃幾乎一絲不掛，好不容易從祕密通道逃走，方才遠離這群暴徒。

國王、王妃以及他們的年幼子女，被迫放棄世上最壯麗的宮殿聖地——凡爾賽宮。殺戮，讓凡爾賽宮血流成河、一片狼籍，那裡橫列著被砍下的手腳與屍體。國王一家之後均被拖往王國首都巴黎。

國王護衛隊的兩名士兵並未做出挑釁或抵抗，卻被殘忍地拉往斷頭臺，在群眾面前被斬首。兩名士兵的頭顱掛在遊行隊伍前的房屋窗上，國王一家則走在後面。他們四周充滿可怕的喊叫聲、尖銳的悲鳴聲、狂亂的舞蹈、羞辱的言行，可惡的婦女嘴中說著令人無法接受的忿恨話語，國王一家只能慢慢地跟著遊行隊伍。從凡爾賽到首都巴黎長達十九公里，歷經漫長的六小時，國王一家在警衛的監視下住進巴黎老舊宮殿中的一處，這個老舊宮殿現已變成國王一家的「巴士底監獄」。原本身分高貴如今落魄慘澹，身分差距，不一定是他們最大的罪過。

我對於倫敦進步思想家普拉斯博士曾說的「路易十六被迫從凡爾賽走到巴黎，這殘酷又羞辱的侮辱是恰當的」感到相當憤怒。看到最殘忍的人們做出違法行為卻不須受罰，我不禁懷疑他們的人性何在。

柏克的這本書出版於一七九〇年，當時路易十六與瑪麗．安東妮尚未被處刑，數萬名人士被送上斷頭臺斬首的瘋狂可怕事件也尚未開始，正因如此，柏克的預測及慧眼更讓人驚嘆。

親眼見過瑪麗．安東妮的柏克

聽到瑪麗．安東妮遭受苦難，我的惋惜久久無法停止。除了為了完成革命而生的人以外，王室一家被強迫從凡爾賽走到巴黎，這事件衝擊了所有人。比起平凡的下人，擁有高貴身分的上位者受難令人感到心痛。尤其是出身自王族輩出的優秀家族後代子孫（瑪麗．安東妮為哈布斯堡君主國的瑪麗亞．特蕾莎〔Maria Theresia Walburga Amalia Christina，一七一七～一七八〇〕女王之女），瑪麗．安東妮不僅人美，品行也溫柔，因此當我聽到她遭受如此大難時，甚是痛心。

王妃撐過了那慘痛的一天（人們十分關注受難的人們是否好好撐過那一段），之後也不斷地支撐下來。她用符合自己身分與血統的態度面對丈夫入獄、自己被監禁、朋友逃亡、受辱的早晨、不斷累積的不幸，透過信仰與勇氣，堂堂正正地以瑪麗亞・特蕾莎王女之姿強韌地撐過去。王妃與西元前六世紀以美貌與貞節獲得名聲的古羅馬貴婦盧克麗霞（Lucretia）在羅馬遭受侮辱自殺的情況不分上下。在最壞的狀況、終極的恥辱下，她依然保護了自己，我內心期望她不會死於卑賤之人手上。

我一七七三年到訪巴黎，曾親到凡爾賽宮拜見時為公主的法國王妃瑪麗・安東妮，這世上沒人比她更加爽朗了。一七七四年路易十六繼位後，她才剛成為王妃，正要展開新的人生階段，如同新星般閃耀動人，充滿著生命力、光采與喜樂。「喔！居然是革命！那攀升與滑落怎能不令人感嘆？」

我做夢都沒想過，集尊敬與愛戴於一身的王妃，會面臨心中若不藏有對恥辱強大解毒劑會活不下去的處境。在勇者王國、尊重神意與崇尚騎士精神的國度裡，讓她面臨如此可怕的災難，是我活著都無法想像的事。我以為只要有一點侮辱她的言行出現，便會有數萬把劍刺過去以懲罰這行為。以騎士精神為重的時代已經結束，強詞奪理、守財奴、精於計算的時代來臨了。

法國不是可以發生革命的國家

我一直很好奇一七八九年的法國是個什麼樣的國家，是統治階層腐敗、民不聊生，所以必須發動革命、打倒一切的嗎？

柏克的資料調查能協助我們理解當時的法國。當時法國人口約三千萬，不比英國富有，財富分配也較英國不平等，甚至連流通也不順暢。然而，一七八五年雅克·內克爾（Jacques Necker，一七三二～一八〇四）出版的《法國財政美德》（*Traité de l'administration des finances de la France*）中提到，自一七二六年起至一七八四年，法國鑄幣局用約一億法幣的黃金鑄造了實際貨幣，這是巨大的財務洪災。僅憑這項事實，我們無法斷定法國政府是否妨礙產業發展，或是威脅個人財產，甚或是大肆破壞國民生活。當時法國的都市人口眾多且富裕，有便利與美觀的道路與橋樑，相當現代化，人工運河與水運貫通整個寬廣的大陸，海運方便，巨大港口及海港設備在戰爭與貿易時期相當有利。此外，當時法國政府還大膽利用精良技術，投入大量成本建造堅固的要塞之牆，讓外賊無法從任何方位侵略。大片寬廣土地上未耕種且剩下的穀物也不多，意味著當時法國農業發展也十分活躍。法國的優良產品及織物僅落後於英國，少部分更是全球之冠。當時也成立許多慈善團體，國民生活變得美好、精練，藝術不斷萌芽發展。在戰爭中，法國名聲頗高，培育出許多有能力的政治家、深思熟慮的律師、神學家、哲學家、評論家、歷史學者、畫家、詩人、神職，以及一般平民社會的辯論家等，各領域人才輩出。

要多大的罪才能一次摧毀這些宏偉成果？

法國君主制裡並未發現土耳其式的極權主義，它並未拒絕改革，但也不承認壓迫平民、腐敗且怠慢的官僚控制了平民，只是存在著所有王宮裡常看到的不穩定及動搖罷了！歷經許久的努力，過去蔓延長存的幾項惡行與壞習慣全都被根除，大部分的情況也經修正。用一句話來說，為了國家的繁榮與改善，法國政府正在付諸努力。

身為貴族不是他們的錯，原本的傳統社會中，貴族是一種維持公共秩序的優雅裝飾品，也是支撐先進社會的柯林斯柱式*22。我不認同法國貴族特別壓抑平民的說法，當然，法國貴族擁有某種程度上的缺陷與失誤也是不可否認的事實。在法國，慣性放縱至死不渝的情況，比英國還要嚴重。其外表以禮節掩飾，所以迫害也隨之較輕，但這反而妨礙修正根本，不過這也不是什麼大問題。

法國貴族們對於盧梭等啟蒙主義哲學接受度過高，成為進行革命的關鍵，這也招致他們的滅亡之路。貴族並未給予富有程度直逼貴族的平民相當的地位與合理的評價，這也是貴族的失誤之一。貴族中又分為兩種：真正的貴族與「新貴族」（中產階級），這兩者的社會差異變得兩極。柏克認為，這也是舊貴族走向衰敗的主因之一。尤其擁有軍事地位者只允許出身於名門世家，排他性過高、也過於壟斷。

至於國王，對於百姓的人身權力無限大，毫無疑問的，這違反了法律與自由

22 譯注：柯林斯柱式為古典建築的一種柱式，柱頭的葉形雕紋，形似花籃。

的真諦。但令人感到難過的，法律與自由也逐漸消失，連實際的執行力也慢慢不見。王室政府沒有拒絕改革，反而在貴族的責難下有彈性地促進了改革。王室對於改革十分積極，但這也像回旋鏢一樣，它的作用力回到了培育改革精神的人們身上，最後導致自己滅亡。

然而，即使在種種原因之下，柏克始終感嘆「希望現有制度完全崩潰的人，心裡永遠無法感受到精神崇高的人」。這樣的人，對長久以不正當方式活在華麗與榮譽的國家沒落而感到開心，以此為樂地看著國家衰落，這些人都非正派人士，性格乖戾、忌妒心強；他們也是一群不知如何表現、自以為有美德的人。

革命進行期間，鑄幣的情況減少，沒人能想像，當時這個國家整個城市只有貨幣約八千萬法幣，巴黎人口也大幅減少，食品量能也減少了五分之一，約出現了十萬名新的失業者，每天目睹乞討場面令人衝擊又厭惡。

即使如此，在俱樂部（club）或咖啡廳裡自稱領導人的人們，一邊陶醉於自己的智慧與能力，一邊大聲呼喊對自己國家的輕視。他們為了安撫穿著舊衣的人，將窮人吹捧成「哲學家國民」，常有充滿技巧的「秀」、「暴動」與「鬧事」，有時製造因壓迫侵略引起的貧困騷亂，有時更想辦法遮掩，轉移領導者對於國家滅亡與悲慘的注意力。柏克曾向法國人提出忠告，他說「你若是一名勇敢的國民，即使貧窮會伴隨著你的一生，與其做個腐敗又富有的奴隸，你應該更渴望自由。期待及擁有安樂與豐饒，才是真正的自由，你必須確認這是否要付出其他的代價。」

革命勢力是由何種職業組成的呢？

法國原本沒殘弱到被革命推翻，但革命的發生，一定有因革命而獲得好處的勢力存在。

法國大革命的勢力，大部分為法律專家，但仔細去分析，這些「法律專家」並不是法庭上辯論一流的律師，也不是大學裡的著名教授，只是法律專家裡程度最低、最無知，只能擔任事務要職的輔助人員。比較例外的是，其中也有較為出眾者，但大多是些微不足道的地方律師、地方法院事務職員、鄉下代書、公證人員、管轄地區訴訟案件的代理人、在村莊裡任意唆使引發紛爭的人。柏克曾說

「當我看到名單時，我已經能明確預想到接下來將會發生的所有事情。」

學識低的人若手中握有權力，並要求他人尊重自己，必然伴隨著相應的結果。這些學識低的人從未擁有名聲，也不會失去名聲，當他們手中握有他人無法掌握的權力時，自己還會感到驚訝，完全無法期待這些人能夠做出有克制力、明確的行為。他們就像一群魔術師，突然脫貧，陶醉於尚未準備好卻即將到來的「偉大」。

柏克曾說「這群人習慣干涉他人事務，莽撞、狡猾，引起紛爭，就是一群沒有和平精神的人。我們可以想像，當革命瞬間莊重地結束，他們能輕而易舉回到過去的狀況。也就是說，這群人犧牲掉他們完全不理解的國家，藉此追求自己最熟知的私人利益，這是擺明的事實。」

柏克認為這樣的事件並非偶然或附帶發生的，而是必定無可避免，裡面更潛藏著事件的本質。

柏客開始不信賴法律專家，他曾說「法律專家若是任一團體裡的成員，一定有能力且有用。但當這群人的力量強大到能夠推翻極權時，那麼這群法律專家將造成相當龐大的損害。」法律專家雖有卓越的能力，但擔任其他職責時，我們無法斷定他們必定有用。若一個人被限定在某項專業裡，並且也習慣發揮某部分的功能，在狹小的範疇裡集中地持續發展，那麼在處理「國家」這個複雜業務及職責，他們勢必不適任。國家的經營具多樣性，且牽涉複雜的國內外利益，需要多方合縱連橫。

革命勢力中除了法律專家以外，有部分則是醫師。當時的法國，醫師與法律專家一樣，並未受到適當的尊重，他們不是自負的偉人。柏克認為「病患的病床，並不是培養政治與立法人士的學校」，顯示出他對於參與革命的醫師的不信任。

當然，革命勢力裡也有神職人員；他們雖是神職人員，但我們無法判定他們一定比其他人更有良心。柏克曾說「組成新國家時，偉大又辛苦的工作崗位上，有很高比例由鄉村神父擔任，我對此感到驚訝。」他還說過「神職人員只是一群沒見過文字描述國家為何的人」。柏克認為神職人員既貧窮，也對偏遠村落以外的世界一無所知，總是以猜忌的角度看待世俗或教會等財產，因此，若他們有辦法在被掠奪的情況下獲得微乎其微的分配金，一定樂於參與任何攻擊。

但令人意外的是，在革命勢力之中也有少數貴族階級人士存在。他們參與了掠奪、掩滅自己身為「貴族」的一切。他們雖出身名門世家，但個性糟糕、內心不滿，因此以個人的自尊心與傲慢態度，輕視自己的身分。柏克曾因此感嘆道：「社會地位高的人，犧牲了他們高貴的目標、威嚴與觀念，與低階的輔助人員做低級目的之事，讓整個社會變得低級又卑賤。」

柏克還說：「舉例來說，法國大革命的勢力為市民（中產階級）團體，也是歷史上第一個依照自己的意志獲得完全的權威，並以野蠻的方式使國家分裂的市民團體。這群不自量力的市民，透過幾何方式的分配與算術，處理、統治了看似被征服的法國。這群人模仿征服者，也仿造了征服者最為嚴苛的政策。一般來說，野蠻的贏家輕視被征服的族群、侮辱他們的感情，更破壞了蘊含宗教、國家組織、法律及風俗習慣等舊有痕跡。法國大革命的勢力也是如此，他們使區域界線變得模糊，讓所有人變得貧窮，將資產家的財產拿出去拍賣，更打壓了王族、貴族及高階神職人員。」

當時「第三等級」的組成群體大多為律師、醫師及股票仲介員。當時被稱為「第三等級」的族群就是中產階級，韓國翻譯成「市民階級」。柏克的書出版於法國大革命後一年，因此當時尚未確定革命名稱，日後，歷史學家才將法國大革命稱為「中產階級革命」（韓國稱為「市民革命」）。

平等的神話

柏克批評法國革命家所打造的「平等神話」，因為他們所主張的「平等」只是荒謬的假設罷了！

柏克曾說「法國人原本認為，依照自己的品行便可過著幸福人生，是一群有知識、勤勉且順從的國民。他們透過勞力過著不華麗的生活，在革命發生之前，接受國家的保護，過著自給自足也算滿意的生活，這才是人類真正的道德平等。他們的生活與上流社會有差異，這是任一個時代或社會都無法避免的不平等。然而，打倒這所謂的不平等，可能會讓民眾出現錯誤的想法與不必要的期待，最後只是讓不平等變得更加惡化、痛苦罷了！」

柏克說得沒錯，強調所有國民皆平等的社會主義國家，也嚴格分為：享有奢侈生活的高級官員、做著雜事粗活的低階層國民。更重要的，這是一個身分固定、階級無法移動的社會，沒有階級存在的平等社會就是一個謊言。柏克時代後的兩百年間，除了前蘇聯的共產主義體制外，許多社會主義國家的歷史也都證明了這點。

柏克認為，革命過程就是一種犯罪，犯罪的代價帶來了貧困，更找不到氣度，只得到了數不盡的災難。

法律被推翻、法庭被瓦解、產業失去活力，商業也消失了。人們雖然不用繳納稅金，但都變得貧窮；總結來說，法國陷入政治及軍事的無政府狀態。

法國的一位大法官在召開三級會議時，以演講方式宣布「所有職業皆享榮耀」，講得天花亂墜。若這是一句表示「無論是哪種職業，只要做事態度正直，都是正當的職業」，那麼這句話與真理相差不遠。當然，理髮師、蠟燭匠人或其他更卑賤的眾多職業從業人員，也不受國家不當欺壓。但他們也不能以個人或團體方式做出統治國家的事情。

可以斷定的是，想以人為方式維持平等的人絕對無法實現他們所想的「平等」。自古以來，社會皆以各種市民組成，其中，也會有最高階層的人。這群人想強制將社會變得平等，只能顛覆自然秩序，使之出現變化而已。若想要鞏固一棟大樓，就必須將大樓建在地上，但這些主張社會平等的人卻將名為「社會」的大樓建在虛空中，導致這棟大樓負擔極大。在這樣的情況下，由裁縫師及木工團體所組成的「平等共和國」，因篡奪而獲取地位的成員們，無法擔負起這樣的國家。

《聖經》外典《集會書》第三十八章記載了下方章節：

學者若想累積智慧，就必須享受休閒生活，人類若想變得賢明，做的事情就要少。手握犁刀、手揮牛鞭趕牛的農夫心無雜念，一心只想著他的牛群，每天忙於處理牛群的農夫又如何變得更加賢明呢？（二十四節～二十五節）

除了紡織工與技術人員以外，不分晝夜工作的人們都一樣　。（二十七節）

然而，這些人不會被叫到市議會開會，也不會在公眾集會裡占有較高階層的位子，他們不會坐在法官的位子上，也不懂何謂法律。他們的教養或判斷能力並不出眾，也不是能創造格言的人，但因為有他們，整個世界才能逐漸變得更好、並獲得支持　。（三十三節～三十四節）

做著大不了的工作，是支撐整個世界運作的重要人群，但他們無法統治國家。所有人都有各自必須遵守的本分。當然，柏克並未將權力、權威、地位直接限定在血統及家族，他主張無論階級為何，必須將國家大事交予被認定有資質的人們。但這些人不可輕易用權力解決細微小事，擁有卓越能力，無論這是何種能力，都必須經過試練與考驗，只有卓越，才能榮耀殿堂。

柏克曾說過「政府高層官員須被尊重，法律則必須有權威性。不可以人為方式阻斷民眾心裡的自然附屬原則。民眾為了獲得東西，必須自己付出勞力。雖然成功與努力並非總成正比，但民眾必須學習「行使長久的正義，才能在最終的分配中獲得慰藉」這一道理。若搶奪這一慰藉，勤勞努力的人所得獲得、保全的財產則會受到損害，人將變得懶惰；因勤勉而獲得的甜美果實與累積財富的成功人士，則會不斷被懶惰的人、絕望的人、失敗的人掠奪。這些人才是真正向貧窮、悲慘的人進行施壓的人，他們更沒慈悲心，不是嗎？」

絕對民主主義和極權主義相同

法國革命當時的領導勢力將自己偽裝成單純民主政治主義者，但柏克卻預見這將成為「有害處且低劣的寡頭政治」。

此外，過於緊密的民主、絕對民主政治，就與絕對王政一樣，皆非合理的政府型態。見過最多、最理解民主主義政治體系的學者們認為，絕對民主政治並不是健全的共和政治體制，終將走向腐敗與淘汰。

亞理斯多德認為，民主政治與極權政治有很多部分皆十分類似：

「民主政治與極權政治的道德性質相同，兩者皆由上層公民行使執政極權的權力。上層公民的命令就如同暴君的命令，公民中的煽動者與上層公民的關係就像寵臣與暴君一樣，兩者皆在政府型態中擁有最高權力。寵臣可行使暴君的權力，而公民中的煽動者則可行使民眾政治的權力。」

在民主政治中，每當出現激烈的意見對峙，多數一方便會壓制少數一方。此時打壓少數一方，將對更多人造成更大的影響，這比一人專政的壓制還要慘烈，民眾個體也將陷入被任意摧殘的痛苦中，這比任何迫害還要更加悲慘。遭受國王殘忍迫害的民眾若獲得一般人的同情，他們的傷痕至少有癒合的可能，人們受到道德崇高的人的激勵，也願意給予這些人熱烈的喝采。然而，遭到「多數一方」攻擊的人們，連僅有的慰藉都被剝奪了，他們被這群聲稱與自己站在同一邊的人——但實際上卻是策畫陰謀的「極權」——犧牲了，被所有人拋棄。

正因如此，最為無恥的就是完全的民主政治，因為完全的民主政治最恬不知恥，同時也最天不怕地不怕，都不擔心自己會成為被處罰的對象；多數民眾也絕不會因為任何人的行為成為受罰對象，這些人躲在一個名為「人民」的「群體」背後，任意做著不合理的事。

那麼，人民有恣意行使權力的權利嗎？別說是權利了，就連資格都不存在。

但即使如此，這些人擴大解釋自由，以顛倒黑白的方式進行統治。人民並不具備以汙辱的手段執行國家事務、令他人屈服的權利或資格，但當人民被賦予這些權利，最終將導致公務人員的基本道德、自信、判斷力、人格被統一抹滅。但即便如此，人民也不會成為執政者，人民只是被唯利是圖、自私之人看輕，成為「釣餌」罷了！

國民是「暫時」擁有私人居住地的「終身房客」，但同時身負傳承後代義務。若恣意破壞社會的群體根本結構，或以作踐他人遺產為自己的權利，最後傳給後代子孫的不再是國家，而是廢墟，將破壞國家永續發展。若走到這一步，任一個世代將無法與其他世代連接，最後單純的國民就會成為夏天常見的蒼蠅一樣，人人皆避而遠之。

保守主義是謙虛的理念

法國革命勢力所主張的「人類的權利」與人民統治理念，單純只是在「多數者統治」的計算上添加民主主義，具有高風險。革命的道德狂熱低估了傳統價值，也不分青紅皂白破壞了好不容易獲取的社會物質資源、精神資源。柏克認為英國憲法更有價值。

英國憲法尊重傳統智慧、慣例、長久以來所累積的權利，更承認身分與財產的階層結構的存在，這都是因為英國憲法接受一件事情：所有人類的根本皆不完美。由於人類皆不完美，因此必須尊重過去祖先所打造的悠久制度，這也是保守主義的基本精神——「知識理論性的懷疑主義」。也就是說，接受人類的不完美，也是保守主義的價值核心。

「人類不完美，因此無法一次完成所有大事，必須花費長久的歲月、慢慢地累積先人的智慧，才造就了現在的體系。歷經歲月累積而來的制度，其中必有祖先的智慧。從這樣的觀點上來看，『國家』是為了使人類變得完美才存在，也是一切完美的根源。人性是若不妥善管理便會無止盡墮落，為了避免這種狀況，我們的祖先獲得上帝的協助並不斷努力，最後的結果就是人類出現文明社會。文明社會是個偉大的創舉，需要智慧的累積，同時，也是由數種要素構成、保持微妙平衡的不穩定結構。正因如此，建構文明社會十分困難，若要破壞卻很簡單。想要破壞這樣的文明社會，只要人類的傲慢與恣意即可。舉例來說，極權主義的君主以傲慢恣意的態度，拆毀長久累積而成的文明社會，而法國大革命中，部分民眾也帶著與極權主義君主一樣的傲慢與恣意，不斷破壞得來不易的文明社會。」

柏克對於歷經數百年的慎重、深思熟慮和遠見，因憤怒與暴虐在一瞬間成為廢墟感到憤怒。反其道而行破壞現有東西是件簡單的事，對於先前並經歷的事也不會產生恐懼，因為人們很難發現之前尚未存在的東西的問題點，因此也難以批判。最終，人們無限的想像力，也會被強烈的狂熱及妄想取而代之。

與此相反，保守主義同時進行保存與改革。由於必須同時進行完全相反的事情，真摯的慎重也會隨之而來。保存流傳下來舊有制度有用的部分，並在基礎上添加新的改革，在新舊制度順利融合前不斷付出心血與關照。此外，比較、結合新舊事物的能力與豐富的理解力也不可或缺，同時必須對抗人們頑固地拒絕改變、對現有事物感到厭惡嫌棄的浮躁。

就連處理無生命的物質也要小心，這也是智慧，若破壞和建造的對象不是磚

頭和木材，而是敏感的「人類」，那該怎麼辦呢？他們的狀況、環境與習慣若突然改變太多，可能會使大多數人痛苦，在這種情況下，更要謹慎與小心。

使用悠久制度的優點，在於制度內已有各種修正方法，舊制是結合許多需求和便利的產物，並非根據某種理論而建立，大部分都施行一段期間後，才能導出制度的理論。反之我們常看到，當計畫及實施方法無法完美協調，則以達成計畫的目的為主，通常效果最好。我們從經驗獲得的方法，可能比原始計畫使用的方法還要符合政治目的；這就是使用悠久制度的優點。

使用舊制度可依其效果來判斷好壞：若國民感到幸福、團結、富裕且強大，我們就可以假設制度是成功的——讓「線」出現的方法就是讓「虛線」存在。

舉例來說，當韓國的左派政府計畫增加低所得階層的所得，他們的手段是調漲最低薪資，這反而使得低所得階層失業率增加，最後便無法達到原本想增加低所得階層所得的目的；當業者無法負擔增加的人力費用，最後乾脆解僱員工。假設政府採取的措施，與增加低所得階層所得相距甚遠，也就是將員工薪資調漲一事完全交由業者決定，那麼業者的事業便能變得活化，事業活躍，便需要更多的職員，為了招聘人員，員工薪資將自然地調漲，最後便能達到提升貧困階層所得的最初目的。

立法者必須敏感，也必須愛護、尊重人類，並對自己戒慎恐懼。此外，立法者也必須以快速的直覺掌握最終目的，慎重地採取措施以達到目的。有社會目的的只能採社會方法實施，在這樣的措施下，也要聚集眾人的想法。集思廣義需要一定的時間，需要的是耐心而不是體力。採道德的方式處理，我們要的結果並不會立即出現，但一開始看似有害的，最後可能帶來卓越的效果。管理的知識本身具有實踐性，又得朝著道德性發展，因此需要豐富經驗的知識。

正因如此，我們不可輕率地破壞歷史悠久的產物。我們若想摧毀那些行之有年且大部分皆符合社會公義的產物，或想利用經過證明確實有效、有彈性的模式來建造新的產物，都要小心謹慎。

然而，法國政治家們卻凶暴且急促，無視自然發展過程，全都變成盲目的規劃者、冒險家，他們原本只是煉金術士或庸醫，卻都變身為良醫。他們早就放棄彈性使用「平凡」的方法來解決問題，對他們而言，醫療方式並不存在如飲食療法這種平凡手段。最終得到最壞的結果——他們無法用平凡無奇的方式治療普通疾病。

私有財產權的認可

以猜忌的心看待地位、名譽與財產，即是對成功人士充滿猜忌與惡意，這與古代教會的自我約束與禁欲完全是兩回事。只有喪失人性的人，才會想將擔任神聖職務的人從國家最高職位裡拉下臺，並使之陷入貧困、衰敗與被輕視。

依據「獲得與維持」複雜原理所形成的財產，其本質上便是不平等的。若某人擁有比他人擁有更多財產，的確會引起他人的嫉妒心，也會誘惑他人搶奪財產。然而，將財產放在家中保護，這種永續保存的力量，能使社會變得穩定及永續發展。掠奪少數者的權利並將之分配給多數者，多數者實際上可獲得的數量將變得更少。然而，多數者沒能力計算這些。

「兩千四百萬的法國人中，有人主張必須搶走二十萬名貴族的優越權。以單純的數字來看，似乎很合理。這主張能充分獲得『路燈燈柱』的贊成（意指『暴徒邏輯』，源於當時法國公民為了處罰自己憎惡的人，將那些人綑綁在路燈燈柱上）。多數人的想法與利害關係是兩回情。」

自然權批判

第十三章中探討了「自然權」，我們可以確認自然權思想也是中產階級的理念，更是法國大革命的基本理念。批評法國大革命的柏克當然也批判了自然權思想。

柏克曾將自然權與國家進行比較。仔細想想，國家並非以自然權為基礎而形成，但自然權可以完全獨立在國家之外而存在，實際上也是如此。主張所有人類皆自由平等的自然權，在「完美」這一點上，其程度比國家更高。然而，這樣的完美實際上卻存在缺點：因為擁有全部的權利，即意味著實際上並未擁有任何權利，當所有人都有權利，也意味著任何人皆沒有權力。也就是說，「完美」是一個抽象概念，主張人人平等的自然權也如同字面上意義，是種「抽象的完美」。

若我們想探討，引發法國大革命的中產階級為何將自然權思想視為基本理念，就必須擁有基本的歷史知識。

現在的法國，在以前被稱為「高盧」（Gaule），當時在那塊土地上生活的是凱爾特人（The Celts）。西元前一世紀被尤利烏斯．凱撒（Guius Iulius Caesar，西元前一〇〇～四四）征服後，便成為羅馬屬地，屬地名為「高盧—羅馬」（Gallo-Romain）。五世紀，日耳曼族侵略高盧—羅馬，建立法蘭克王國，即現在法國國名的來源。

日耳曼征服者是戰士，想當然耳，必定有一位只會作戰的頭目——也就是克洛維一世（Clovis，四六六～五一一）。但由於戰士們總是太過驕傲、強大與自由，因此戰場上的指揮官無法真的被認定為羅馬的君主。所以這些戰士推捧指揮官克洛維一世作為形式上的國王，他手下的戰士們自然產生統治與征服的欲望，最後用自己的力量占據高盧——被視為封建制度最初的雛型。戰士們各自占據一塊土地，而國王占領了自己的屬地，導致高盧不受羅馬統治。戰士們各自獨立成為領主，因此他們無法接受羅馬王位的繼承。

這些日耳曼戰士只會打仗，因此用軍事方式「保護」會種田的高盧農夫，農夫付出的代價便是被繳納土地租金，這也間接形成「繳納現物的農民與武士階級的『安全與生產的相互交換』幸福的共存關係。這樣的關係從六世紀到十五世紀，都是歐洲社會的特點，也是具有歷史、司法的封建制度，封建時代即貴族的黃金時代。

然而，封建制度卻也使得貴族階級崩潰。毀滅羅馬、占領高盧的這些戰士，原本的特質與地位也愈來愈弱。這些戰士貴族散落在土地上的各處，透過收取保護費（即地租）漸漸遠離他們推捧的國王，也意味著戰士們開始遠離權力的核心。此外，這些戰士只會打仗，忽略子女的教育、訓育、拉丁語學習、司法知識，導致他們最後變得失去一切能力。

原本法蘭克的國王只在戰爭期間被指派為指揮官，使得國王無實質權力，因為國王的權力只存於戰爭期間。然而，一開始國王「戰爭期間權力強大，和平期間權力虛弱」的雙重狀況，隨時間流逝，慢慢成為世襲制，最後發展成眾所周知、歐洲大部分王國皆有的「絕對權力的國王」。

中世紀自由的都市商人，皆為祖先是高盧人的中產階級，他們與國王、貴族的距離都十分遙遠，並未處於權力核心。當羅馬人攻入高盧、日耳曼人入侵，這些人都只是平民，以和平方式保護自己土地，就連發生法國大革命之前，他們的名字從未出現在歷史書籍上。法國大革命發生後，這些人不斷在歷史書籍上找尋合理獲得權力的說辭，但這些革命勢力依然找不到——無論是從考古或法律來看皆是如此。所以，這些人才發明「自然權思想」。柏克也曾說：「即使革命家們從考古學家、法律專家的學說中找尋權力時失敗了，但他們退一步到『自然權』的要塞中，主張了人類的權利」。

中產階級在自然權思想裡發現「所有人類皆為平等」，也領悟到對人類親切、平等的「大地之母」，不可被獲得麵包卻不付出任何勞力的特權階層（指貴族）所獨占，他們也認為特權階層（貴族）並不比農民優秀，在某些方面甚至比農民還要低級。

根據自然權思想理念，土地的占有者與耕作者是真正的所有人，而因征服收取地租才是暫時的，是違反自然的壟斷行為。過去奴隸時代，農民與領主簽訂的協定是威脅與暴力的產物，因此當革命勢力找回人類共有的權利時，也不斷聲稱過去這種協定都只是封建制度、貴族階層極權統治的「副作用」，皆是無效的協定。革命勢力反對地租收取權的繼承及時效，根據這個主張與邏輯，無法認同這些不當獲取的權利，也認為這些協定皆無效力，因為領主們的欲望起源於邪惡，領主們的歷史充滿著暴力與欺騙，腐化的羊皮紙與愚昧的交換行為，並不具備所有權。

大家都知道「土地的授予，是為了維持封建性制度裡高官頭銜與官職」的說法，但這起源於十七至十八世紀啟蒙主義思想，並不只有法國大革命勢力才這麼說。然而問題在於「為什麼革命聲稱已經消除的暴力和暴政，在革命後依然存在」？

柏克曾提出一個疑問：「革命結束，已不再有世襲的榮耀，也不存在名門世家。但為何你們為了維持曾告訴我們不能存在的東西，反而向民眾徵收稅金？你們為什麼有過去貴族領主的特權，並扮演著徵收稅金的角色呢？」

柏克自然地將這個問題延伸到「自由」的層面上。他將事件視為一個整體，人們從自由當中獲取利益，若沒有自由，品德也不會存在。我們的自由就是一種寶物，我們不僅要保護自由免於被侵略，也為了防止內部衰退與腐敗，必須時常抱有警戒心。

那麼，如果在「所有人皆享有相同自由的世界」，又會變成什麼樣呢？要求自由的人類，同時也有想要約束他人熱情的欲望，當這些欲望相衝突時，便會出現霍布斯所說的「針對萬人的萬人鬥爭」。

正因如此，尋求自由時，「約束」也會同時存在。為了極大化滿足自己的欲望，我們必須有克制自己欲望的智慧，因為「己所不欲，勿施於人」即自然權思想的基本理念。

然而，自由的約束只能從自身擁有的權力來執行，「國家」便是個例子。國家是人類智慧形成的體制，為了滿足欲望，國家也和個人相同，控管社會及團體中每個人的意志，並要求克服自己過多的熱情。從這層面來看，人類的權利不只有「自由」，同時也包含了「自由的約束」。看來柏克繼承了許多霍布斯的理論。

當然，「約束自由」隨著時代狀況不同，變動的部分也無限多，因此我們無法根據任一抽象規則去定義。從這樣的原理去探討，就不產生要自由還是要約束的愚蠢爭論了。

作家的問題

當我讀到柏克在《對法國大革命的反思》中描述德尼．狄德羅等十八世紀啟蒙主義思想家的部分時，我驚訝地發現這與尚—保羅．沙特在《何謂文學》裡描述十八世紀的部分相當類似。相似度之高，讓我不禁認為沙特的文學論可能在閱讀柏克的著作後才動筆寫出。

雖然先前在本書的第十三章已提過，但為了能讓各位讀者更仔細理解柏克的思想，我引用柏克的書籍內容如下：

> 新類別的人們不斷成長，也與擁有財富的人們（即馬克思稱為中產階級的人們）密集接觸，形成了令人矚目的團體。這些新類別的人，就是帶有政治性質的作家

（men of letters）。這些作家喜歡誇大的事物，只要是創新，幾乎不會提出反對意見。路易十四的活躍及偉大衰退後，作家便無法獲得路易十四本人、其他攝政繼承人的任何支持。這些作家因為偏好誇張且具謀略統治方式，因此他們並未在這偉大時代裡受到宮廷的保護，甚至也未得到適當的回報。正因如此，作家們開始尋求自我保護，形成新團體。他們成立學術院及藝術院等兩種學院，更著手編寫百科全書（由狄德羅主導）。

實際上，這些作家大多在文藝及學問領域的地位不斷扶搖直上，世界也對這些人做出公平的對待。一般人珍惜這些作家的特殊才能，因此選擇原諒他們「特有的」邏輯與負面思想，這也凸顯出一般人的真誠寬容。但這些作家們只與自己的追隨者分享他們的感性、學識、愛好與名望，未嘗試將這些分享給一般民眾。我認為這種狹窄又具排他性的精神，只會對文藝、興趣、道德及哲學產生負面影響。在無神論領域裡，被稱為「教父」的人們總十分固執，這群人標榜自己擁有神職人員的精神，慣於表達出相反的邏輯。為了彌補他們在論點與才能上的不足，也很常使用陰謀論的資料。

在這樣的作家獨占下，作家用盡所有方法與手段中傷那些不與自己「同流」的人，並不斷致力讓這些人受到損失。從很久之前不斷觀察作家的行動與思維的，事實明擺著就是如此：他們恣意利用刻薄話語和文字攻擊財產、自由與生命，只因為他們最缺的就是權力。財產、自由與生命，不就是保守主義理念的三大要素嗎？在在都說明了作家們推翻保守理念，想透過大革命抓住權力。

與此相反，作家以外的世界廣大，作家的世界既零星又細小，與憤慨相比，作家的世界偏向形式主義且有慣例可循。因此外界既沒有削弱作家的勢力，但也無法讓他們的努力實現。無論作家是對抗既有體制的人，或是屬於主流的圈內人，狂暴及帶有惡意的激情控制了他們，因此截至目前為止，他們並未被世人得知。原本作家的言論應該令人愉悅且具教育意義，但他們狂暴且帶有惡意的熱情反而變得令人憎惡，充滿著黨派、陰謀與異教徒傾向的精神已侵蝕作家們的思考方式、發言與行為。

當作家將激情付諸行動、挑起爭論，他們開始把自己的地位打造得能與外國國王通書信般，因為他們希望阿諛奉承國王進而獲取權威及力量，以實現自己的目標、引起新一波變革。然而作家並不在乎這樣的變革，是否能藉由極權主義在短時間內實現，或是由民眾漸進實現。

這樣的「作家群體」，與腓特烈二世（Friedrich II，一七一二～一七八六）書信魚雁往返，給予這些作家許多發光發熱的機會（我在本書前面也提過伏爾泰曾接受腓特烈二世的支持，狄德羅則獲得凱薩琳大帝的支持）。這些作家們藉由外國國王的善意，間接巧妙地獲得法國中產階級的好感。最後，作家利用擁有廣大勢力及宣傳手段的人，在輿論的管道上占有一席之地。

每當作家以群體方式向目標展開行動時，在民眾的心裡都會特別有影響力。他們向中產階級獻上自己的忠誠，在消除民眾對某種財富的憎惡及嫉妒產生了不少影響。喜歡傳播新事物的他們，總是假裝所作所為都是為了窮人及下級階層。但另一方面，他們在帶有諷刺的文字裡誇大宮廷、貴族與聖職人員的齷齪骯髒，使上流階層變得可笑。這些作家是煽動民心的人，目的在於讓中產階級令人可憎的財富、民眾的不安、絕望與貧窮變得對自己更加有利。但事實上，這些作家對財富與權力的嫉妒心，反而創造了另一種財富。

看到這樣的文章，不知道會不會讓各位聯想到韓國的左派作家與文人呢？

都市的勝利

歷史上來看，歐洲不斷從「都市與農村的對決」緊張關係中發展，最後由都市取得最終勝利。都市得益於擁有財富、行政能力、道德性、特定生活方式、創新思考及行動，國家的所有機能始於都市亦終於都市。近代國家都從都市開始發展、擴大，中產階級主導了都市的發展。

伯克將都市——尤其是巴黎這個大都市——視為革命成功的象徵，有他獨到的見解，他曾說：「農村紳士們將被自己的國家政府完全排除在外，如同法律禁止般」。

對鄉村紳士不利、不適用的事物，對都市中擁有財富者、經營者反而有利。生活在都市的人能輕易與他人聯繫關係：市民習慣、職業、娛樂、事業、休閒等都讓他們互相接觸，不論有美德或邪惡的人，都市人都善於社交，他們就像住在軍營裡，團結一致、紀律嚴明。也正因如此，都市很容易掉入利用群眾圖利的人所設陷阱裡。

帶領巴黎走上革命勝利的關鍵在於它的優越地位。

「巴黎市的權力，明顯來自於政治，通過巴黎權力，指揮革命的領袖，不，應該說是『命令』了整個立法院及行政院，重點及起源皆由於失當的政治權力。巴黎人口綢密，它擁有的力量比任一個共和國的權力都大，甚至大到不平衡；而這樣的力量集中凝聚在狹小的範圍裡。」

人類社會複雜又多元，因此過度單純是危險的

人類原始權力多元又複雜，它以各種形式折射或反映了人類複雜的熱情與利益，因此認為「權力會一直依照原本的方向前進」的看法是不合理的。人類的本性複雜，而社會目的也極其複雜。因此，單純分配或管理權力，並不符合人類的本性及社會的特性。推翻舊體制後，推崇新政治體制的人總自豪新體制政策目的的單純，這些人對自己職責無知，且工作態度怠慢。韓國左派政府常自豪自己提

出「福利」、「乾淨能源」等政策，並視其為單純的目標，這就是其中一個例子。

革命理論家所說的「人民的權利」，總是常與革命家自己擁有的權力混淆；他們為了保護自己的權力，標榜「人民的權利」。為了打擊舊制度，篡奪過去權利的有勢力者，會利用他們舊有技能以獲取新權力，為了保護在蠟燭集會*23上所篡奪而來的權利，這樣的方法仍正在使用中。

「他們對於所有專業人員、高地位及官職的見解，看似來自於諷刺家的『伶牙俐齒』與滑稽。」

這讓我聯想到韓國左派動員搞笑演員等藝人的嘲諷及緋聞來傳播擴大勢力。

「只從邪惡及錯誤層面考慮，透過誇大的邪惡、錯誤及有色眼鏡去看待。一般來說，習慣尋找、揭露出錯誤的人，他們沒有資格進行改革工作。因為他們的心中沒有公正與善意的基本形態，也沒有面對公正與善意時預計該有的喜悅習

23 譯注：或稱燭光集會，用來譬喻和平示威活動或抗爭。

慣。由於他們過於憎惡邪惡，因此變得不再愛人，正因如此，這些人沒有為人服務的意願與能力，也不足為奇了。」

這是不是剛好解釋了執行正義的司祭團或民族問題研究院等市民團體的特性呢？

「法國大革命的力量，旨在打擊所有民眾與文學家的犯罪歷史，但以『祖先犯下的罪』為由懲罰無辜的人並不正當。為了處罰祖先所犯的罪行而牽連無關的人，不符合啟蒙時代的哲學！」

這句話似乎說明了目前韓國的現況。韓國國內的政治人物，只要被貼上「親日派」標籤，所有的暴力、汙辱及無理就會變得正當化。

「他們使得公共財產不斷減少、消失，可是口中卻說著『已拯救了民眾』，這實在是種殘忍且放縱的詐欺行為。但革命勢力正在掏空國庫收入，提供民眾無須代價的福利。」

這讓我想起現在的韓國政府提出的福利政策，也是齊頭式地向國民「撒錢」。提供國民無須代價的金錢，等於讓人們變成精神性奴隸，還有另個問題，就是現實生活中這樣的福利，財政並無法無限供應。

財政應該隨著納稅人的成長而增加，同時，國民的繁榮也會促進並增加國家的財政收入。為了個人需求、為了使用與執行剩下的個人財產及國家事業，徵收稅金的平衡點若維持在合適恰當的比例且密切地相呼應時，財政與國家皆將能共同繼續成長、持續繁榮。

法國大革命當時的財政負責人韋尼爾（Vernier）提出的報告顯示，法國大革命以後，國家的財政收入並未增加，與法國大革命之前相比，反而減少了兩億里弗爾，即八百萬法鎊——約減少超過三分之一的金額。無論過去還是現在，不管用什麼樣的能力，都無法顯著地達到這麼強而有力的效果。無論是普遍性的錯誤、大眾的無能、公務上的怠慢、公共犯罪、腐敗或竊盜等現代社會中常見的問題，還是直接的「敵人」，都無法在這麼短的時間內破壞國家的財政及國家的勢力至此。

韓國政府由左派勢力執政兩年後，總體經濟成長下滑、出口減少、失業人口增加、路上店面倒閉。

「你們到底是用什麼方法才能讓你們偉大的國家如此快速滅亡呢？」

這是出自於西塞羅（Cicero，西元前一〇六～四三）《老加圖：論老年》一書的句子，而這個問句的解答如下：

「新出現的演說家們崛起，使愚笨的年輕人消失、滅亡。」

·16·

海耶克的自由主義

何謂「左派」？何謂「右派」？

政治領域上有「左派」及「右派」。左派被認為是進步、民主化、主體思想派、親北、崇北，而「紅色分子」一詞頗具爭議性，在現代社會已變成檯面下使用的詞語。右派被認為是保守、反共、工業化、軍事政權、權威主義、親日派，也有人認為是具有嘲諷含義的太極旗或是如同滿口假牙的老人般的迂腐一派。*24從思想上來看，左派以社會主義、共產主義及民主主義為基本理念，而右派則以反共、資本主義、自由主義、市場經濟、個人主義為其理念標榜。雖然些許部分讓特定人士看起來存在參差不齊的差異，但大略範疇即為如此。右

24 譯注：上述有部分應指韓國國內的狀態，非世界共通性。

派對於左派使用「民主」、「進步」等辭彙感到十分不滿；而左派也厭惡右派每次都用「社會主義」或「左翼」稱呼他們。

自由主義經濟學者海耶克在《通往奴役之路》裡提到，計畫性（planning）或集體主義（collectivism）為左派的特徵，而右派的特徵則是具有自由主義（liberalism）或個人主義（individualism）。也就是說，「左派對右派」意味著「集體對個人」或「計畫對自由」。左派政治勢力習慣「計畫」所有事情及想要控制國民；而右派政治人士則希望透過減少規範、盡量保障人類最多的「自由」。「計畫—集體」對「自由—個人」——這樣的對立關係最能從基本解釋左派與右派。

也有一派理論認為，左派為民主主義——美國保守主義歷史學者約翰·盧卡斯（John Lukacs）雖然不是著名大學教授，但對美國保守主義歷史學者們產生了莫大影響。他認為共產主義最核心的理念就是民族主義。約翰·盧卡斯認為民族主義是二十世紀共產主義、納粹主義、法西斯主義的基礎，他還認為將一九五〇至六〇年代冷戰時期視為民主主義與共產主義的「戰場」這一解析是錯誤的，更批評民族主義是二十世紀最危險的政治理念。與政治理念的價值相比，目前左派政權優先重視民族，以民族之名向所有事物斷罪，在這樣的政權統治下，我們也能逐漸理解約翰．盧卡斯的「慧眼」並產生共鳴。

計畫與集體主義

比起將經濟發展自然地交給市場去決定，目前韓國的執政勢力大多偏向計畫性指示國家大大小小的事。文在寅就任總統沒多久便直接前往仁川機場，當場下達須將約聘人員轉為正職的指示*25，他信奉人民所得能主導經濟成長，之後便隨意決定每週工時應低於五十二小時，將最低薪資調漲十六％，甚至將能源政策基調從核能發電等「傳統發電」轉換成太陽能發電等「新再生能源」。文在寅提前使月城核能發電廠一號機除役，也取消新發電廠的相關計畫，不僅造成數千億韓元的損失，更使得原本每年預計會產生的九萬兩千名的僱用機會憑空消失。比起

25 譯注：約聘人員在韓國已爭論許久，文在寅當選後便親自到仁川機場下達應減少約聘人員數量的相關指示，由於仁川機場的約聘人員數目眾多，勞工福利問題也浮上檯面。

經濟層面，文在寅政府認為核電廠運作單純只是環保問題，因此做出相關計畫馬上執行，但他們為了設置太陽能板，砍伐了大片的森林，結果不也破壞了大自然嗎？這真讓人感到諷刺。而大學主修核能相關科系的學生被迫減少，導致學識領域也正遭受嚴重的「迫害」。這，就是左派所信奉「計畫」的現實狀況。

「計畫」，原本指的是在合理範圍內盡量調動的過程。人類的所有行為都是計畫，差異只在於樹立計畫是否有效？或是有智慧地思考遙遠未來樹立計畫及短視近利只思考短期計畫的差異罷了！計畫是人類最原始的狀態，除了宿命論者外，大家都是計畫者；所有政治行為也都是計畫行為。讀到這裡，一定會有人認為，乍看之下將左派人士稱為計畫者似乎並不負面。

然而，當我們稱社會主義者為「計畫者」時，以及當這些計畫者為了使所得與財富的分配能在特定基準達到一致而樹立計畫時，這就是不符合人類本性型態的計畫。此時的「計畫」意味著國家強制向國民下令，所有國民則被迫以特定方式協助國家順利達成政府所決定的某特定目的。也就是所有經濟活動皆受命於國家統治者的體制。海耶克所說的「計畫」是以完全否定個人自由的極權主義性為出發點。

決策者如果想順利執行自己的計畫，必然需要支援自己計畫的大規模群體，因此，集體主義與計畫就像銅板正反面，是一體兩面。如同文在寅總是自傲於現任政府是來自蠟燭示威（彈劾朴槿惠前總統時的市民示威）的「蠟燭勢力」，現在韓國的執政勢力沒有任何人會否認自己是集體主義者。他們利用二〇〇二年發生的「孝順（音譯）．美善（音譯）」交通事件*[26]、以狂牛病作為事由進行反美示威遊行，這群人也利用世越號事件進行反政府*[27]示威，最後透過蠟燭示威成功彈劾總統朴槿惠。

具一致性的集體特徵

一般來說，教育程度及智力越高，擁有更多樣化的見解及興趣，對特定價值體制的認可也較低。與此相反，道德水準、智力較低的人，擁有較高的統一及一

26 譯注：二〇〇二年，兩名年僅七歲小孩死於駐韓美軍裝甲車下的車禍事件。
27 譯注：二〇一四年（當時為朴槿惠政府）世越號遊輪從仁川至濟州島途中失控沉沒，後續營救行動引發民怨。

致性。

想當然耳，若要獲取或維持權力所需的群體，絕對不會是前者這些興趣不同的人。計畫者需要的群體是不具獨創性、不獨立的人，也就是單純靠「多數」力量的人。這樣的群體無法抗拒宣傳的魔力，容易聽信傳聞，也容易被情緒煽動。具有這些特性的廣泛大眾正是短時間內可擴大極權主義政黨規模的「人力資源」。

為了持續鞏固這廣泛大眾，必須不斷製造仇視爭吵的對象或素材。人類有一種特性，比起正面的事物，對負面更為敏感。因此，聯合憎惡敵人便成為最佳的方法之一。放眼全球，對於有錢人的嫉妒與敵意就是最好的素材，除此之外，韓國的「親日派」問題也十分有號召力，再加上慰安婦*28、濟州四・三*29、光州五

28 譯注：日本與韓國就第二次世界大戰時期慰安婦議題的爭議。

29 譯注：一九四八年四月三日起，為時六年半，韓國濟州發生軍警血腥鎮壓事件，此外還有許多島民被嚴刑逼供致死。

一八[30]、世越號事件等可動員群體的素材不斷在各區域及歷史中被挖掘出來。因此，現在的韓國集體主義計畫者們打著「清算積弊」的口號，熱中挖掘前兩任政權所發生的貪汙腐敗事件。

金錢是卑賤俗氣的？

韓國人普遍有「金錢是卑賤的，經濟活動則讓生活變得次等」的印象。為了配合大眾認為貧窮是公務人員的絕對優點，甚至出現了「首爾市長的財產只有透支的帳戶」這一可笑的狀況。截至目前為止，韓國社會依然無法擺脫朝鮮時代的理學世界觀。從這一點來看，韓國目前的執政勢力都算近代李氏朝鮮的直系後人。

沉浸於理學理念的朝鮮時代士大夫視管理財富為罪惡，因為他們認為重視財富管理，便會失去人類本性、讓道義變得混亂，這也就是士農工商身分區別中，

30 譯注：五一八光州民主化運動。一九八〇年光州市民發起民主運動，當時任總統的全斗煥下令武力鎮壓，造成大量平民與學生死傷。

商人被放在最下層的原因。

朝鮮時代最具代表性的理學學者李滉曾在《聖學十圖》裡提到「必須避免讓人心被富貴而淫亂，必須避免人心因貧賤而改變，如此一來道義才會變得光明、道德才能得以樹立。」正因如此，《宣祖修正實錄》出現了下列師承李滉思想的文句：

「視貧窮簡約為一般，喜愛淡泊，將利益、情勢與各式榮華富貴視為浮雲。」

然而現實卻大不同。士大夫們不斷增加奴隸及土地，貪心地擴大自己的財產，而不是透過工商手段來擴大財產。我們可以從李滉留下的信件及李滉家門的「分財記」清楚了解。

朝鮮時代所謂的名門家族大部分皆會留下「分財記」，主要是為了預防後代子孫發生遺產爭議。雖然李滉的分財記並未被留存下來，但透過李滉兒子李浚留下的分財記，我們大概可以推測李滉的資產規模。

首爾大學榮譽教授李榮薰透過慶尚北道安東及高靈一帶的各種數據推測，李滉所留下的土地約三十六萬三千五百四十二坪（約一百二十萬平方公尺、一百二十公頃）。李滉的孫子、孫女平分後，每人擁有三百六十七名奴婢（奴兩百零三名、婢一百六十四名），其中八十八名（奴、婢各四十四名）為李滉孫子、孫女結婚時接收的奴婢及奴婢之子女；李滉的兒子李寯結婚時從妻家接收了三十三名（奴二十名、婢十三名）。從上述數字，大概可推測李滉曾擁有約兩百五十名至三百名左右的奴婢。

研究李滉留給兒子李寯的各種書信後可發現，口中說著「視利益為浮雲」的李滉為了增加自己的財產，有多麼地「孤軍奮戰」。

首先，李滉專注於奴婢人數的增加。在朝鮮時代中期前，奴婢比土地還有價值。只要開墾就能變成私有地的荒地分布四處，若擁有越多奴婢，增占土地便事半功倍。增加奴婢的方法就是讓奴婢與良人結婚，當時法律規定，奴婢與良人的小孩都是奴婢。「一賤則賤」，即父母當中只要有一方為賤民，他們的孩子也會是賤民。因此，比起讓兩個都是奴婢的人結婚，讓奴婢與良人結婚，也就是「良賤交婚」更輕易增加奴婢人數。從李滉留給兒子的書信便可得知，李滉當時有多麼努力將奴婢許配給良人。

（上述內容參考《中央日報》柳成雲〔音譯〕記者於二〇一八年九月十五日刊登的「打著『小心富貴！』口號的退溪李滉如何增加自己的財產」報導。報導內容則參考了金建泰〔音譯〕〈李滉的家產經營及置產理財〉〔二〇一一〕、李秀建〔音譯〕〈退溪李滉家門的財產來源及財產型態〉〔一九九〇〕、文淑子〔音譯〕〈退西學派的經濟性基礎：財產的形成與持有規模為中心〉〔二〇〇一〕等文為基礎書寫而成。）

那麼，奴婢到底值多少，讓李滉這些大學者如此關注？李滉過世後十多年的一五九三年，某個紀錄上顯示，二十八歲女奴價值約二十五批木棉。當時正值壬辰倭亂時期*31，奴婢價格暴跌，因此推測李滉在世期間奴婢的價值應該更高，若要購買二十到三十歲的壯丁，可能需要一頭牛再加上木棉或穀物才有可能成交。

當時並不只有李滉如此，視民本政治為大義、正式推出政治改革的趙光祖也是如此。

31 譯注：一五九二年日本發兵朝鮮，明朝萬曆帝亦派兵支援朝鮮，平定動亂。

就連偽善的「經濟民主化」及「土地公有化」的先驅丁若鏞也在寄給兒子的信件裡提到此事。丁若鏞主張所有土地應歸國有，以井字均分土地，即眾所周知的「井田制」。但丁若鏞被流放到全羅南道海南過了十八年的流放生活，他在信裡告訴兒子，以民為本的大義毫無發展，自己十分抱歉沒能留下一塊像樣的土地給兒子，還叮嚀兒子要好好精進學問。此外，他還不斷叮嚀兒子即便漢城的生活再困難也要堅守下去，就算生活不下去，也千萬不可搬遷到離漢城十里以外的地方。

「即使從官職退下，也一定要住在漢陽附近，必須注意別讓自己的眼光變低，此即士大夫家族的理法……雖然我現在成為罪人，你們得一起跟我躲在鄉下生活，但日後我一定會讓你們住在漢陽十里以內的地方……如果你無法忍住憤怒與痛苦而決定住鄉下，你只會擁有愚笨且卑賤的一生。」

朝鮮時代士大夫們嘴上說自己是為了窮人做事、所有百姓皆應平等、金錢是卑賤的東西，但腦袋裡卻想著自己與自己的後代揚名立萬、可支配他人、增加財富成為有錢人，這與二〇一九年讓韓國社會出現混亂的前法務部長官曹國的立場一字不差。

現在仔細想，主張誠實、承認人是自私的，努力工作追求自己、家族與社會財富的資本主義精神才是最為正義、最為清淨的理念，不是嗎？

錢就是自由

朝鮮時代理學認為金錢既卑賤又俗氣，崛起於西方的社會主義也是如此。社會主義者不斷輕視經濟，一開口就攻擊資本主義、憎惡有錢有權的人、認為社會主義是世界上最正義的思想。他們認為經濟利益有罪，因此不斷催促企業公開商品成本。「即使現在經濟比以前好很多，但比起過去，我們有變得更加幸福嗎？」——韓國左派作家不斷向人們灌輸如此的「清貧思想」。

我直到現在都無法理解，這些左派作家主張並自豪的「清貧思想」若真的如此優秀，他們大可用在自己的身上，為何要不斷批判擁有罪惡金錢的有錢人呢？仔細觀察，我們可以發現這些人的實際生活與自己平常提出的主張完全相反，他們透過非法手段及貪汙，不斷增加自己的財產，努力用殘忍的方式陷害對手，也不管自己是否有能力及專業，不斷分食公家機關的工作。這和朝鮮時代引發士大夫問題的人有何不同？

此外，世俗的經濟所得真的像他們的主張一樣卑賤，而精神所得就是高貴的嗎？除了金錢以外，如果排除無解的疾病，其實在人類歷史上，沒其他目的之單純經濟是不存在的。所謂金錢的欲望，與其他一般欲望一樣，都需要權力實現。我們想要賺錢是因為金錢能讓我們在努力後享受美好果實時有最多選擇——有人說「金錢是人類有史以來最偉大的自由手段」。

試想，鄙視金錢的社會主義者說「不以金錢獎勵工作或勞務，而是以非金錢性代價（non-economic incentive）取代金錢」；也就是以名譽、特權、可支配他人的權力、更好的住家、更好的飲食、旅遊、教育機會等方式代替金錢做為酬勞，會發生什麼事呢？收到這種非金錢報酬的人一定不滿足，就會出現「得去不想去的旅行、不需要更好的住家但得被迫搬家、不想讀書但必須報名英文補習班」等狀況。

不提供金錢報酬意味著不被允許選擇自己想要的人生。無論提供報酬的主體是公司還是國家，若連自己的生活方式都得被那些社會主義者決定，那麼自由最終也會被剝奪。總結來說，金錢便是自由。看到這裡，各位應能理解為什麼自由主義者總是將財產權與自由相連在一起了吧！

不要市場經濟，就會成為奴隸

市場是利用貨幣交易商品的場所，但社會主義卻否定了市場經濟。然而，社會主義能夠實現自由平等、讓人類社會從階級社會轉換為自由社會，反而得益於市場經濟才得以實現。透過市場累積財富的低下階層國民也獲得政治的自由，因此人類歷史也才能發展成現代歷史。

市場因為個人認知而存在瓶頸，因此須透過競爭過程活用對方知識。由於個人知識有限，獨自一人無法知道所有事情。若從他人身上學到原本缺乏的知識，就能獲得更大的成就，市場就是可以不斷發現並學習新資訊的地方。

如何以最低成本生產產品、消費者對於某種產品的需求有多少，身為一名匠人或商人完全無法得知或只能知道部分原因。但匠人與商人能透過市場觀察，發現何種商品賣最好、何種商品賣不好，不僅可了解消費者的偏好、產品價格是否恰當，最後還能樹立自己的計畫。

市場的參與者都能自由地製造、販售自己的商品，商品價格也是自由決定。當旁邊店家的商品因價格低廉而熱賣，那麼我們店裡的商品也只好調降商品價格，在此過程中，沒有任何強制、也沒人介入。

由此可知，市場機能並非僅單純的商品流通，也是克服知識瓶頸的溝通過程。來自不同且多樣的價值體制的人，都可透過市場和平地進行相互作用。

一言以蔽之，市場經濟就是「在自由中競爭」。本性疲弱的人們不管怎樣都害怕競爭，同時也害怕自由，因為在自由裡，人類必須自己下決定，他們對自己做決定總是感到極度不安及危險。人類是習慣依賴他人決定而行動的「被動奴隸」，集體主義計畫者能夠成功的原因便在此。

然而，政府若要控管特定商品的價格或數量，價格變動性便會降低，無法反映周邊發生的變化。因此市場無法成為建立自己未來計畫時具有參考價值的東西。當不再需要製造更好的產品來吸引消費者、不需要競爭時，適當調節個人的努力的功能也會隨之消失。

若否定市場經濟，唯一剩下的就是奴隸之路。名為「政府」的計畫者若開始規劃經濟，我們便無法自主決定什麼重要、什麼不重要。因為政府會代替我們決定要尊重何種目的、對於何種價值應給予更高的評價。

計畫者政府並非單純只控制我們的部分生活，控制經濟就可以達到所有目的，因此「計畫經濟」意味政府最終會決定我們生活的目的，藉此控制國民的群體生活——從基礎需求到家人與朋友關係、從工作性質到休閒活動，所有東西將受他們控制。

有人希望過著夜生活，有人則希望過晨型人的日子，更有人希望自己的夜晚能在繁華的店家與同事聊天度過，有的人希望能在家裡與家人一起安靜度過。那麼，為什麼韓國要向所有國民強調，一律都得過著「有夜晚的人生」及「與家人一起度過的安靜夜晚時間」呢？政府甚至在減少工時導致實際薪資減少的時候提出這個口號。如果政府讓國民自由賺錢，那麼勞工便會自己選擇做想做的事情、過自己想過的生活，不是嗎？

不是民主，而是自由

有些人會擔心「計畫」演變成獨裁，為了不讓他們擔心，計畫者常說的邏輯就是「只要民主主義行使最終的統治力，民主主義的本質就不會受影響」。也就是說，政治人物再怎麼想變得獨裁，只要民主主義存在，這些政治人物依然會受國會牽制，就連平凡的民眾也能聚集力量避免獨裁產生。

然而，我們在目前左派政府執政的韓國社會上確認到上述邏輯並非真實。擁有動員群眾能力的計畫者透過理念相同的群體，並加以可怕的心理暴力，導致在野黨的國會議員變得毫無制衡力量。雖然現在也有持反對意見的多數群體，但他們無法形成特定組織，分散於各處，因此無法形成任何力量。最後，民主統治便被偽裝成計畫者口中名為民主的群體，成就他們的獨裁政治！

唯有在自由的氣氛下，透過自由討論形成多數同意，民主主義才能成功發揮其功效，否則徒具民主主義的外殼，只能用來堵住反對黨的嘴、罷免持反對意見的教授或公務員。《憲法》明示韓國為「民主主義」或「自由民主主義」，它如此重要，在於它是決定韓國國民能自由生活還是被獨裁統治的分水嶺。

著名的阿克頓男爵（John Dalberg-Acton，一八三四～一九〇二）名言「權力即腐敗，絕對權力則絕對腐敗。」他曾透過下列警句表示：「自由無法套用在『民主主義』上，它只能套用在『自由民主主義』上。」

「自由不是為了實現更高政治目的的方法，自由本身就是最高的政治思想。不是為了進行優秀的行政而需要自由，而是為了保障市民社會與個人生活對至高無上價值的追求，所以我們才需要自由。」

民主主義本質看似一種手段，即，為了保護國家和平、個人自由的實用手段（utilitarian device）。千萬不可認為民主主義本身完美無缺，或把它過度神聖化。我們絕對不可遺忘一件事：在獨裁霸權執政下，文化自由與精神自由比民主體制更大。同質性高及教條主義（dogmatism）占多數執政的民主政府，也有可能變成史上最獨裁的霸權，或抑制人民的政權。

獨裁不一定會消滅自由，比起獨裁，當民主主義無法保證個人自由時，民主主義便會成為實行極權主義的有效手段。馬克思主義稱民主主義最終的統治力為

「無產階級霸權」體制。就連蠟燭示威成功彈劾韓國前總統的這一體制也是，只是名稱看起來是民主主義，但蠟燭示威實際已與獨裁不相上下，在某種程度上已破壞個人的自由了。

「若將多數力量視為權力的最終來源，該權力就無法變成獨裁」這只是毫無根據的幻想罷了！雖然權力來自於民主過程，但其實，該權力最後是無法任意行使的。許多人因為誤信，不斷抱持著錯誤的信念，這種錯誤的信念反而讓我們失去面對危險的能力。

社會目標只代表多數人目的相同

義大利的法西斯主義、德國的納粹主義、蘇聯的共產主義、北韓的主體思想等極權主義體制皆屬於集體主義（collectivism）；與此相反，右派自由主義的基本理念是尊重個人的個人主義。

人類在隸屬於任何群體之前，首先為一個獨立個體，這也是西方思想基本理念的個人主義。文藝復興以來，從已經發展的個人主義為基礎，西方不斷累積自由主義的概念。

社會主義者常把「國民優先」等話掛在自己的嘴上當口號，實際上他們認為重要的指標是集體，而非個體。在社會主義國家，人類個體被群體淹沒了。試想北韓動員年幼少女們進行集體體操，那裡有個人嗎？稱得上尊重嗎？

個人主義不以他人的價值或偏好行動，而是根據自己的價值與偏好去行動。也就是說，個人主義者視個人目的為最高界線，不遵從他人的指示。當然，個人主義裡並未否認他們也有共同的社會目的。更準確地來說，與個人的目的偶然一致，為了追求這一致目的，人們才聚集起來，這十分合理。然而，個人主義認為這樣的共同行動僅限於個人的利益損失皆一致時。

朴正熙前總統的計畫經濟是有道理的。許多年輕右派人士們雖然批評朴正熙的開發經濟為計畫經濟，但將西方國家歷經數百年累積而來的自由主義經濟壓縮到幾年內就要實現時，「計畫」便是無可避免的。此外，當時國民們也自發性地實現協議，呼喊著「一起過好生活吧！」的口號。

從個人主義的觀點上看，社會目的僅是許多人目的相同。此時，當自願協議實現時，集體行動可能會成為國家整體行動。然而，這樣的協議不存在且由國家進行統治時，國家便開始壓制個人自由了。

二十世紀初，社會主義曾鼓吹要賦予比個人主義的自由還要更多的自由給大家，即使稍微犧牲經濟自由，但還是會盡力實現更多的政治自由。但經濟自由與政治自由能夠分開而論嗎？失去經濟自由的政治自由能夠獨自生存嗎？若曾經承諾的自由之路實際上是走向奴隸之路的「捷徑」，那麼被欺騙的人們，尤其是年輕人的人生又要誰來負責呢？

亞歷西斯．德．托克維爾（**Alexis de Tocqueville**，一八〇五～一八五九）及阿克頓男爵等政治哲學家曾警告過「社會主義即奴隸制」（**Socialism means slavery**）。托克維爾曾在著作《托克維爾全集》（共十冊）表示，「民主主義雖然追求自由的平等，但社會主義卻追求制約與奴役的平等。」我們可以知道民主主義本質上就是個人主義，而民主主義與社會主義之間永遠都有解不開的難題。

法治

區分自由主義社會與極權主義社會的最重要原則就是「法治」（rule of law）。自由主義社會是法治的社會，而計畫性極權主義社會則為無法治的社會。

然而，一九三〇年代，德國納粹政府所做的非人道行為皆是依法有據的行為，現在韓國左派政府也看似守法。那麼，政府在不違反任何法律的情況下執行某個計畫，這樣的社會可以被視為法治的社會嗎？

極權主義社會只要嚴守法律執行所有政策，但實際上該權力具有可無限揮霍的強制力——就算嚴重限制個人自由的法律，極權主義國家依然可合法立法。因此，執行以這種形式立法的法規政策時，我們不能將這樣的政府視為法治的政府。雖然政府執行政策時，形式上看似合法（legal），但實際上它們並不屬於法治社會政府。

若只要依規定立法，形式上就可被視為受承認的正當權威，相信國家所有行動皆合法，其實是虛無飄渺的立法權思想。民主政治是一種能將想像中最完全的霸權打造成合法的理念制度。政府所有行動可能「完全合法」，但也同時跳脫「法治」原則。舉例來說，政府依據某條法規成立某個委員會，該委員會所做的所有事情皆合法，但我們不能說該委員會的所有行為皆為「法治」下進行的，因為這單純只是執政者權力的任性而已。社會賦予政府無限的權力，因此政府也能隨意使自己做的規定合法化。再舉個例子好了，希特勒的無限權力也被視為完全符合憲法（constitutional）而獲得的。無論希特勒做了什麼，從法律意義上來看都合法，不過沒人同意由納粹控制的德國當時處於法治狀態。

重要的並不是政府恣意立法後遵守該法律，而是有一個前提條件必須存在：政府本身不可隨意立法。也就是說，必須盡量減少法律數量。法律數量越少的社會，人們嚴謹遵守法律，才能被稱為法制社會，這也就是自由社會。

在維持法治的自由社會裡，政府不會過於恣意行動，因為自由社會掌權者無法隨心所欲地擴大解析、適用法律。政府的所有行動，其前提是必須接受頒布法律的規範制約。也因為這樣的規範存在，人們能在每個既有狀況下準確預測政府可能會行使何種強制力，並基於這樣的知識基礎制定自己的計畫。

與此相反，社會主義社會裡，政府恣意決定所有事情，例如必須飼養多少頭豬、必須運行多少輛公車、必須生產何種能源、智慧型手機應以何種價格銷售等，皆由政府決定。政府決定廢棄核電並以太陽能發電替代，決定縮減勞工工時及調漲最低薪資，甚至為了避免公車司機罷工決定用國民稅金支援公車業者。想當然耳，每次都會發生族群及團體的利益相衝突，為了調整這個問題，最後政府必須決定哪一方的利益更為重要。隨著政府做決定的範圍擴大，政府的力量也隨之增加。

若演變如此，「法律」再也不是一種功利性（utilitarian，請注意這裡的「功利」〔utility〕指的是效果，並非「公共利益」）道具，而是成為一種「道德性」制度。此時，「道德性」（moral）不再是「崇高道德」意義上的道德，而是政府向所有社會成員強調自己對道德性問題見解的「道德」。

原本「道德」指的是個人做出行動時所擁有的「品德」，每個人可自由決定的領域，即個人自發性放棄本身利益的情況下，這樣的道德才算真正的道德。他人（尤其是政府）無法決定或強制個人的道德。

韓國的計畫者不但想「計畫」道德問題，也不斷想要「計畫」感情問題。他們總是說「我們不能忘記在世越號事件過世的高中生，或八十幾年前慰安婦們所遭受的屈辱」，不斷想要強迫控制一般國民的記憶。「克服過去、走向美好未來」彷彿成為禁語，「同理心不足」的指責則變成讓對立方乖乖閉嘴的武器。

我認為，我們必須小心愛在嘴上掛著「我們是共同體」或「我們必須互相給予同理心」這些話的人；也必須對當權者和權威進行「合理懷疑」，他們總在本應冷靜理性的公共討論中講著「總統的談話中蘊含著淚水」、「下初雪的那一天我會放手」等感性的句子。

韓國社會的名字是？

法治意味法律保障人人平等——不會因為某人是社會弱勢群體，因此遭受不當對待；反之，不會因為某人是有錢財閥，就不依據法律隨意拘束他，只有法治才會賦予我們自由。伊曼努爾・康德（Immanuel Kant，一七二四～一八〇四）曾說過：「等到我們不須跟隨任何人、只須依照法律行動時，那時我們便是自由的」

（Man is free if he needs to obey no person but solely the law），伏爾泰在康德之前也用類似的方式提出自己的主張。

那麼韓國社會狀況如何呢？韓國已經變成「以『無憲法守護意志』的模糊罪狀，用來彈劾總統」的社會。街頭上滿是上街示威的群眾，他們要求停止調查有犯罪嫌疑的法務部前長官，總統更明目張膽地支持民眾發起相關遊行示威。有犯罪嫌疑的法務部前長官在一九九三年的某篇論文中（〈現階段馬克思主義法律理論之反思及為了前進之緒論〉）主張用「法死滅論」代替自由主義的法學。他認為自由主義法學總是被名為「自由主義」的框架限制，在克服馬克思主義法律理論發展結果所受的局限時，也要發展民眾的民主法學。這是什麼意思呢？這位前法務部長官認為應該讓民眾參與立法或執法的過程，並由民眾控管法律制度及法律機構*32。用一句話來說，他所主張的體制是不需要法律的體制，一切由站上街頭示威的群眾決定。

32　譯注：也就是法死滅論的核心重點。

那麼，現在的民眾擁有這種權力嗎？民眾只是這些被吹捧為「引路人」的「政治人士」（或執政者）的傀儡罷了，但民眾卻有「自己就是國家主人」的錯覺。那麼，我們如何稱呼這種社會呢？

海耶克認為這種社會就是「極權主義社會」。

· 17 ·

保守就是進步

左派不是進步

某個主流報社週末版報紙上刊登了舞臺劇演員孫淑女士（一九四四～）的訪談內容。記者向孫淑女士提問：「您覺得為什麼『Me too』事件中的加害人大多為左派呢？」孫淑女士回答：「性騷擾及性侵問題上怎麼會分左右派呢？」當時記者自己分析了為何他會問出這樣的問題，他說：「可能是大眾深信左派對於女性的態度應該是進步的，但發生這麼多事情反而有『搬石頭砸自己的腳』的背叛感，還有左派也有不亞於右派的偽善及不道德的失望感吧？」

不亞於右派的偽善及不道德？這是指右派必定不道德、偽善嗎？我們可以發現，明明犯下性騷擾性侵事件的是左派人士，但卻神不知鬼不覺地將右派拖下水，並在右派身上掛上「偽善與不道德就是右派的本性」標籤。

幾日後，同一家報社的另一名記者在自己的報導裡提到「執政黨最常進行早餐會議，在青瓦臺附近及新村地區舉辦類似聚會的狀況也很多。」從該名記者的報導可以看到，字裡行間顯示出他對執政黨「進步」的研究熱情及尊敬。他更在報導結尾上寫：「右派人士中，有人在研究貫通整個時代的相關談論嗎？」藉此來維持整篇文章對於左右派看法的平衡。

我發現上述兩篇文章裡關於兩派陣營的名稱是不對稱的。「右派」的對立方應該是「左派」，不是嗎？但這兩名記者都用「進步」來代替「左派」這一詞，間接地灌輸民眾對於該群體活力與生機的形象，而這也反映韓國社會普遍的傾向。

所有國家、社會都有政治對立的「右派」與「左派」。法國稱呼政黨時也只用「左」（gauche）、「右」（droite）來稱呼，左派有社會黨、共產黨、綠黨等，右派則有共和黨、國民陣線（Rassemblement national，二〇一八年六月黨名更改為「國民聯盟」）等。法國總統馬克宏新創的中間派自由主義政黨黨名則為「共和國前進！」（La République En Marche）。

美國則只用「左」（left）、「右」（right）或「保守」（conservative）、「自由」（liberal）來稱呼。右派或保守支持共和黨，左派或自由則支持民主黨。美國的「自由」與韓國所蘊含的意義稍有不同，因此常出現意義混淆。舉例來說，韓國年輕保守派人士所提出的理念是來自米塞斯或海耶克等經濟學者的「自由主義」（liberalist）理論，但在美國社會裡，「自由」則指的是支持民主黨的左派。

也就是說，任何先進國家都不會用「進步」來稱呼「左派」，但過去數十年間，韓國社會裡，實際推崇社會主義或共產主義的政治人士卻用「進步」這「新鮮」的單詞稱呼自己（或許用「自封」一詞會更加貼近吧！），並捏造了自己的形象。

根據康德的主張，「進步」指的是「從野蠻走進文明的運動」。十八世紀法國哲學家暨政治學者孔多塞侯爵（Marquis de Condorcet，一七四三～一七九四）曾說過「一個社會若政治進步，社會裡將不會有奴隸制度的存在、知識分子人口增加、兩性不平等問題改善、貧窮問題獲得解決、殘忍的監獄環境有所改善」。若將這樣的定義套用在現在，只有「貧窮問題獲得解決」這一部分依然還有改善空間，剩餘的部分都能看到世界已在進步。

黑格爾主張「歷史並非循環（cyclical），而是呈現直線型進步（linear-progressive）」。馬克思認同黑格爾的「直線型進步」的歷史理念，更於自己的著作裡批評透過工業化的經濟現代化、產業資本主義社會的社會階級結構，並將此作為自己著作的核心概念。

比起黑格爾—馬克思的進步思想，韓國左派人士開始將康德—孔多塞侯爵的進步思想見解注入自己的想法，並且「自封」自己為進步派人士。

自稱保守的韓國左派

韓國左派不斷將「保守派」物化、他化，完全被排除在認知領域之外。

什麼是「物化」呢？存在是由「我」和「我以外的世界（外界）」這兩個領域組成，但我總會覺得「除了我以外的其他世界的東西」，那個東西便是「對象」（object）。「對象」雖然也有「對方」的意思，但最一開始的意思是指「事物」

或「物體」。也就是說，將某個人類「物化」指的是以看一個「物品」的角度去看那個「人」。比如說，站在公車站時，我旁邊站了一個陌生男子，這個陌生男子對我而言就跟公車站柱子沒什麼兩樣。因為他不是我認識的人，只是一個陌生他人，因此對我而言只是一個「事物」而已。即使他也可能有與我類似的情緒、高尚人格或有深度的靈魂，但我認為那都不重要，單純只將那個人視為一個對象物品。也就是說，將某人「物化」指的就是完全不想去尊重對方的情緒、靈魂、人格，只將他視為一個物品。

即使經過我旁邊的不是個物品、而是一個人，但他依然是與我毫無關係的他人（the Other），但當某個「他人」開始與我變得親近，當我得知這個「他人」擁有跟我類似的情緒、想法時，我就會與這個「他人」感到「同質感」，最後就會變成「我們」。這樣延續下去，「我們」這個群體內的所有人都是類似的「同質人」（the Same），在我們這個群體以外的、與我們不同的其他人，對我們而言便是「他人」。這樣的「他人」因為「我們」而被排擠，也會被「我們」這個群體排除。人類社會的所有歷史當中，「我們」會成為社會的主流，而在那個社會中用各種方式排除「他人」，並不斷發展下去。

為了將某個群體「他人化」並排除，要經過「利用形象的象徵化」這一步驟。如同我前面引用的新聞報導，明確顯示出韓國的左派成功用「年老」與「無知」這樣的關鍵字加深民眾對右派的印象。他們使用「假牙硬邦邦」這種憎惡老人的新語，在日常生活中也常談到保守，確立「理念只是一種反共意識形態的老柏油保守派」這種印象。文在寅政府上任後，執政黨在所有輿論場合上總是用「保守派的沒落將只是時間問題」、「十年至二十年後，保守派將不再有未來」等，嘲諷得就像蓄水池裡的臭水一樣。文在寅總統更是得意揚揚地說「必須燒毀保守派」、「必須撲滅保守派，讓他們沒有起死回生的機會」。

自然法則中，年老即醜陋、與活力相差甚遠。那麼與年老相對應的保守派自然就是「年輕、美麗、活力」。左派不斷「打造形象」，「年輕」與「保守」就成了互相矛盾的概念，年輕人加入保守派的意願在萌芽階段便被切斷了，最後，「年輕保守派」只會覺得丟臉，在同輩面前無法堂堂正正表達自己的政治傾向，甚至有的會受左派言論影響，一起參與嘲諷「老保守派」的無知。「老保守派自一九八七體制*33後無法打造出任何理念，只會糾結於反共口號，最後以『彈劾』方式被宣告死亡」就是例子之一。

保守就是無知嗎？

我不知道這算不算對保守派人士的批判，但我認為把整個保守勢力講成「因為他們無知所以走上沒落之路」，這擺明誣陷了這群沉默、誠實過生活的基層保守派人士。這些基層保守派人士從家庭生活與日常喜悅中感到滿足，誠實地賺錢過生活，他們認為威脅國民日常生活和平的北韓體制，令他們無法容忍，所以自然而然地反北韓、反共產主義。若要追根究柢，這群基層保守派人士的反共意識可能連意識形態都稱不上，因此根本沒有理由嘲諷他們。無論在哪個國家，一般人都只是毫無目的、照著外界訂定的計畫（指到了幾歲必須結婚、生子等既定思考框架）、平平凡凡地過著一生，這也是他們的美德之一。為意識形態進行學術研究，

33 譯注：一九八七年六月韓國爆發大規模民主運動「六月民主運動」，在此之前韓國總統由當權派封閉式投票選出，民主運動後，同年十二月十六日，盧泰愚成為韓國首位民選總統。

這是專業革命家的事情。但是，這群基層保守派人士卻突然遭到「過去為什麼活得如此無知」等指責與批評，被他人冠以雙重犯罪罪名等令人無言的事。

想想也是，從歷史來看，「保守」原本就是當現有制度面臨嚴重威脅時，為了對抗嚴重威脅而發展出來的邏輯。那些依循過去的方式生活，每天心無大志、平凡保守的人，因為突然出現的新概念而驚訝，為了保護自己而產生的理念就是保守思想。最具代表的就是美國保守派政治人士山謬．P．杭亭頓（Samuel Huntington，一九二七〜二〇〇八），他在《意識形態的保守主義》（*Conservatism as an Ideology*，一九五七）定義保守主義正值共產主義威脅美國，同時也是冷戰時期。杭亭頓定義保守主義為當現有體制出現嚴重威脅勢力時，為了對抗嚴重威脅勢力而產生的「情境式意識形態」（situational ideology）。保守派必須令人信服「關於這樣的威脅勢力存在」，勢力才可得以形成，也只有在這樣情境下才能凝聚號召力、並蓬勃發展。

杭亭頓認為對抗重大體制威脅的情境式意識形態即為保守主義，我們也能發現提倡保守主義的始祖埃德蒙．柏克也有相同的主張。前面提到「保守主義經典」的柏克的《對法國大革命的反思》（一九七〇），此書也是柏克認知到法國大革命可能會成為「英國政治體制」的嚴重威脅，為了對抗這樣的威脅而寫。

保守主義為情境式意識形態這句話，並非意味在無理論根據的情況下，任何時候都會形成。保守主義的最底層有個人主義理念守著；保守主義就是個人主義，個人主義就意味著進步。當然，我一直提到的個人主義的對立方就是極權主義。

結語：
在韓國，有「個人」可言嗎？

極權主義與個人

再次讓我想到極權主義與個人的問題，是二〇一八年九月時，參訪平壤與金正恩同坐並一起觀賞團體體操《閃亮的祖國》的文在寅總統夫婦。為了展現看臺上的團體操，動員高達十萬人跳體操、舞蹈，平壤的團體體操自首次於二〇〇二年四月金日成誕生九十周年紀念日亮相，持續進行了十一年後，二〇一三年的《阿里郎》公演結束後中斷了一段時間，但北韓卻以文在寅總統參訪北韓為契機，時隔五年重新演出團體體操。

重新亮相的團體體操公演配合《阿里郎》的旋律，大型韓半島旗幟飄揚在競技場上空，揭開了公演序幕。這次，人民共和國國旗並未登場，也看不到帶有反美口號的旗幟，更看不到象徵核子科學的老舊大型「原子模型」影片，但這次看到「從平壤到釜山的火車」等南北韓關係有所改善的相關文句，表演者組成了韓半島圖案，有濟州島、鬱陵島，也詳細表達出獨島的模樣。

南韓的左派人士對此感到激動與興奮，時任青瓦臺國民溝通首席官的尹永燦更表示「北韓積極協助南韓的要求，顯示金正恩體制具某種彈性」。在公演時，可以看到文在寅總統十分專注，對公演內容感興趣。北韓還以人群排出四月金正恩與文在寅在板門店進行首腦會談時兩人的紀念照，文在寅總統因此笑容滿面，第一夫人金正淑女士更戴起眼鏡觀賞，對內容感到興趣。

五．一競技場上聚集了十五萬名北韓國民，文在寅總統甚至還在北韓國民面前發表演講，他在演講開頭便說「本人無法以言語表達內心的激動，我用心體會金委員長及北韓同胞想一同打造的國家樣貌」，他還用「我們韓民族是優秀的民族，韓民族是堅強的民族，韓民族也是喜愛和平的民族。此外，我們韓民族也必須一起活下去」等唯美修辭講述這段話，在在顯示文在寅總統的民族主義理念。

但若想到為了準備這個公演的年輕學生們長達數月皆無法上學，還必須不斷練習，身為大韓民國總統，說出這樣的話實屬不當。看著除了北韓以外，全世界皆看不到的「法西斯政治藝術」，卻說出「無法用言語表達出自己內心的激動」，這對擁有健全常識的大韓民國國民而言，實在令人感到不齒。

事實上，聯合國北韓人權調查委員會（二〇一四）明定北韓的團體體操為人權侵害行為，報告書也提到進行團體體操時所動員的學生在炎熱夏日下，站在水泥地上練習後昏倒的事情相當常見，報告書也記錄「不斷忍耐急性闌尾炎的七、八歲少年因未即時接受治療而死亡」的證詞。練習團體體操的學生必須停課六個月不斷練習，曾參與團體體操的脫北學生更留下經歷證詞：

「我們必須不斷練習劈腿，為了演出成功還得熬夜，甚至回不了家。腳上滿是瘀青，腰也痛到快斷掉。持續練習幾個月，腳都變成章魚腳。公演結束後，只會發九顆橘子和一包餅乾與糖，當時收到還高興地感激領導人的恩惠。」

某一名前國情院高級官員也表示，以前訪問北韓時，團體體操練習場裡惡臭衝天，讓他驚訝無比。他說，由於練習過程禁止學生上廁所，更教學生直接就地大小便。這也是參與團體體操的脫北者所說的證詞：

「最大問題就是洗手間，活動開始前一個月必須進行整體預演，從等待到結束，時間超過三小時。為了怕學生跑廁所，管理員乾脆不提供水，學生若想去廁所也會被禁止。所以不論是男學生還是女學生，只好站著忍耐，最後忍不住時便就地大小便，當然，練習場也無可避免地充斥著惡臭。站在練習場後看著自己年幼孩子的父母，只能哽咽著守護。」

文在寅政府競選時的口號是「以人優先」，但他讚賞的北韓團體體操的「人」彷彿被他還原成一張張「卡片」，當下是沒有「個人」的。將人視為「個人」還是「附屬於團體的人」，這其中的差異也會使體制出現很大的差異。

在北韓，有「個人」可言嗎？

北韓社會裡只有共同體，不存在著「個人」。宣揚社會主義的所有社會中，皆不存在個人，為了達到整體目標而犧牲個人是共同原則。只要一個人走錯，整個體操隊伍便會出錯；只要一個人舉錯牌子，便會使整個圖變得不再整齊，如此一來，怎麼會有人尊重個人呢？為了實現整體隊伍、整體的圖，即使這個「個人」只是年僅十歲的小孩，還是得乖乖拚死練習，為的就是做出完美動作。

共同體的秩序對社會成員而言，看似自然，對這些社會成員而言，他們認為這行為十分正當且具有規範；對於「出身於『白頭血統』*34世家的人當然必須成為國家領導人」也覺得十分自然。在這樣的社會裡，權威意味著神聖、閃亮、威嚴。試想接受人民委員掌聲如雷的喝采登上黨大會會場的三十歲初半的金正恩，我們就知道在這樣的社會，權力總在莊嚴儀式或軍隊閱兵等華麗場合上顯現。

數萬人民一絲不亂地移動，在《閃耀的祖國》裡動員社會地位最低的人，這些人只是行屍走肉罷了。這些人民的功能在於完成身體上的任務，從出生便必須做到死，而他們所受的痛苦卻以「體制之名」被正當化。這不是數十年、數百年前的傳統社會，而是與我們同時代、就在韓國上方的那塊土地上，這就是悲劇。然而，在韓國眾多左派人士卻忙於讚揚年輕領導人金正恩「大方領導能力」。「對人類而言，重要的不是共同體，而是個人；若不尊重個人，人權便不存在」，這樣的真理我們藉由北韓的例子就能深深體會。

34 譯注：指金日成家族血統。

人類最初的個人

從字面上可得知，「個—人」（in-dividual）意指「個別的人類」。那麼，原始時代獨自站在寬廣遼闊平原裡的人類也算是「個人」嗎？我想可能不算。舉例來說，我們並不會稱被畫在拉斯科洞窟（Grottes de Lascaux）壁畫上的史前人類為「個人」，因為他們只是單純以輪廓呈現的人而已，並非以個別人類特徵去描繪而成。

在古代埃及的圖畫中也無法找到「個人」的存在，雖然在墳墓牆壁上畫有許多人，但這些人並沒有個人特徵，而是抽象表達肥胖的女人、調皮的舞者、黑人奴隸等人類，法老的肖像也是如此。雖然他們各自擁有固有名稱，但卻看不出他們個人之間的差異，無論是圖坦卡門（Tutankhamun）或拉美西斯二世（Ramesses II），他們在任何時候的樣貌皆相同。此外，這些肖像不是為了讓人類觀瞻而出現，而是為了供奉給上帝使用。這些肖像的樣本（model）只是從當時活人世界裡被抽選出來，脫離個人並物化，最後成為圖像（icon）。

人類歷史上首次出現「個人」，為西元一世紀，也就是西元七十九年維蘇威火山（Vesuvio）爆發後，從被灰燼覆蓋的龐貝城遺跡中挖掘出的年輕夫婦壁畫。該壁畫主角為年輕富裕的麵包師傅尼奧（Terentius Neo）及其美麗的妻子。尼奧在市中心擁有一間矮樓房，但他並非國王，也不是一名英雄，他只是一個擁有足夠財富支付給畫家的平凡人。尼奧聘請畫家在自己家裡牆上畫上夫婦肖像，並不是為了給上帝看，也不是為了讓全國百姓看，僅是為了讓自己、鄰居或親戚觀賞，所以才找畫家在自己家裡牆上畫上自己與妻子的肖像。

頭髮自然梳順並撥到後方的男性髮型，與波浪金髮如海浪般服貼於額頭上的女性髮型，不管在兩千年前還是現在，彷彿歲月並未添上任何痕跡，這髮型對我們而言都十分熟悉。夫婦手裡拿著日常生活使用的物品，他們的臉部明確地被畫出個人特徵，若我們活在那個時代，在街上遇到這對夫婦，馬上就能認出夫婦兩人。

《包法利夫人》（*Madame Bovary*）作家古斯塔夫・福婁拜（Gustave Flaubert，一八二一～一八八〇）認為西元一世紀時是「上帝不再存在，希臘尚未來臨，只有人類存在」的時代。正因如此，這應該是人類歷史上正式開始有「個人」概念的時機。

與基督教一起消失的個人

耶穌誕生於「原本只有人類存在的」一世紀，因羅馬帝國的保護使得基督教獲得發展，但「個人」卻再次消失。

基督教一開始也強調「個人」的概念，認為任何人類都能直接獲得上帝的指示。然而，隨著教會的中央集權及教宗制度確立，上帝與個人的直接關係開始被否認，以前「人類可直接與上帝交流」，變成「必須透過教會媒介才能與上帝對話」。此外，使徒保羅認為人的肉體歸屬撒旦，靈魂則歸屬上帝，自此之後，只有上帝與神聖的事物具有價值，而物質世界則被貶低為無價值的東西。肉眼可看到的世界被認為僅為暫時有用的東西，「感知」則不斷被貶低，因為它只是極度私人的現象之一罷了！

可想而知，個人也不具有價值。在那個時代，只有教宗、國王與高官顯要有價值，一般大眾已不再是個人，淪落為群體中「地位低下的東西」的無名附屬物。

當時重現「可以肉眼看到的世界」的繪畫被認為不具特殊性，是再自然不過的日常。如同格列哥里一世（Gregory the Great）曾說過「繪畫是給不識字的人閱讀的書」（六〇〇），自此繪畫的意義就被認為是「圖像」，人們對繪畫的認知也被禁錮於這樣的印象了。此外，繪畫已不再存有原本的目的，而成了表達某種意義或理念而存在的「手段」。繪畫也不再被用來表達眼睛觀看的對象，而是開始具有表達不可見或是抽象真理及正確思想的功能；也就是說，美術已不再單純停留在藝術層面，而是跨越到了認知的領域裡。

就這樣，「個人」再次消失於人類歷史當中，繪畫再次成為一種圖像。畫中人物所有細節與意義（法文的 nuance）不再具有個別特性，而是用來表達該人物身分等一般屬性。而「個人」真正開始蓬勃發展，則被迫必須等到現代才得以實現。

近代個人的誕生

到了十五世紀，近代的「個人」首次在標題為《貝里公爵的豪華時禱書》（*The Very Rich Hours of the Duke of Berry*，一四一二～一四一六）的法國祈禱書裡出現。

這本美麗的彩色手寫書就像是最近的月曆一樣，收錄一年各節氣祈禱文，畫有一月到十二月的風俗。利用顏色華麗的顏料與金粉將圖畫在品質優良羊皮紙上，此時這些畫證明了繪畫不再只具有特定意義，而是單純視覺上的感受。

在遙遠的華麗城門前，人們悠閒地談笑風生，當時是十月的某一天，喜鵲與烏鴉啄食著稻穗、農夫為了明年的收成正在播種，河面的船正從山腳划來。當時是一四一〇年，圖畫裡正值必須讚揚聖母馬利亞及耶穌的中世紀秋日。但這幅風景畫卻看不到一絲絲基督教義，只單純表達當時那個時代、那個地方，貴族的城堡如同童話般美麗，農夫為了隔年收穫穀物，所以在十月的某一天開始播種等自然的風景。

在這本祈禱書裡也畫有二月的風景，可以看到覆蓋著白雪的村莊裡，農夫們在屋裡生火取暖。這當然也不具有任何神學意義，單純只是描述那裡所發生的大小事件罷了。走在白雪、車輪、坡路上的驢子，柵欄裡的綿羊們，在火堆旁取暖的農夫們等出現在如此華麗的繪畫中，這是歐洲繪畫史上首見。

這些彩色圖畫並不僅僅表達出一年的循環，也自然表現出一天的起始與結束。一天中某個時段的痕跡與某一瞬間的動作，就如同現代縮影照片一樣，重現在我們眼前。為了前進而從地上抬起的腳再次跨出下一步的那一瞬間，還有農夫以輕快的手勢播種的場景便是如此。

感知本身就含有個人特質

「個人」不只出現在仔細描繪臉部表情的圖畫上，為了重現個別性，也不一定需要個別人物的肖像。只要畫上人物周邊的風景，便能表達出個別性。雖然這也意味被畫人物的獨特性，但其實也是畫家的獨特性，因為，透過感知去認知世界，就是一種具有個人特質的現象。

即使看著同一幅風景，每個人感受、認知這個風景的方式都不一樣，正因如此，畫人物周邊環境的畫作，本身便證明了「畫家的個人性」，所以藝術家們才會認為整個十五世紀的法蘭德斯、勃艮第高地出現近代的「個人」。

西方國家和日本分別早在十五世紀、十六至十七世紀時，便有個人與其周邊風景的繪畫，韓國則是連一八九七年過世的張承業（一八四三～一八九七）都還畫著三位神仙正在驕傲比較自己年紀的繪畫（即中國古代歷史《三人問年》）。張承業所畫的內容不只素材主題來自中國，連整個構圖也完全模仿中國神仙圖。

歐洲的畫家也類似，他們以千年以前的古希臘神話與《聖經》為素材作畫。但荷蘭畫家畫出耶穌誕生伯利恆（Bethlehm）的畫面，不再是過去猶大的伯利恆，而是由法蘭德斯風景取而代之。他們畫上在自家後院草地或馬廄裡可見的山羊及驢子，也將他們日常生活中會使用的馬廄老舊飼料桶，畫成剛出生的耶穌的餵食槽。畫中的聖若瑟（Joseph）與牧童們也與法蘭德斯鄉下的農婦類似，畫伊甸園時，亞當與夏娃也以畫家鄰居的平凡面貌做範本。在當時重現古希臘神話與《聖經》的繪畫中，我們能夠發現畫家生活的當代風景與人物。

我們不可認為「繪畫單純只是繪畫」，人類的思想史上，繪畫在思維發展歷史中扮演重要的角色，繪畫本身就是一種思維。早在哲學家德希德里烏斯・伊拉斯謨（Desiderius Erasmus，一四六六～一五三六）的一百年前和米歇爾・德・蒙田（Michel Eyquen de Montaigne，一五三三～一五九二）的一百五十年前，荷蘭畫家羅伯特・坎平（Robert Campin，一三七五～一四四四）、揚・范艾克（Jan Van Eyck，一三九五〔？〕～一四四一）的繪畫已經告訴我們何謂「現代的個人」了。

然而在同一個時代，韓國朝鮮時代的山水畫裡依然都是中國的某一地區，人物也總是中國某個山中書生或童子。雖然謙齋的《真景山水》、金弘道和申潤福的風俗畫也有較不同的素材，但作品總數過少、繪畫尺幅太小、顏色過於單調，因此無法吸引愛國心較韓國人弱的外國人。最基層的美術家民畫也有很長一段時間只在自己的畫作中畫了老虎和喜鵲，而不是畫生活周邊的人物或風景。韓國左派國畫家雖然非常勤於讚揚朝鮮時代書生文化，但韓國進入二十世紀之前，其實在任何一幅朝鮮時代的繪畫中根本看不到「個人」的存在。

何謂「個人」？

那麼，個人到底為何？為什麼個人的存在會與現代有如此直接的關係呢？

傳統社會是共同體社會，而共同體社會便意味著階級的社會，就是一種沒有個人的社會。更正確地說，在這樣的社會裡，只有「特殊個人」，不存在著「獨立的個人」。在這樣的社會裡，人們出生時，並不是獨立的個人，而是隸屬於某個集團的特殊個人。也就是說，生在兩班的家庭，他就是兩班，生在奴隸的家庭，他就是奴隸。奴隸也只具有「奴隸」的群體意義，甚至沒有專屬自己的名字。想當然，沒有人對某個人獨有的特徵或個性感到興趣。

共同體社會是一種受先天不平等原則、階級性原則統治的社會，人們在出生時被賦予的本質和生活方式一生都無法改變。也就是說，這是一種與「個人能夠發揮自我意志」的社會相差甚遠的社會類型。

然而，若將對方視為平等、獨立、能發揮自我意志的存在時，人類便不再只是特殊的個人，而是真正的「獨立個人」。若認為對方與自己為平等關係，感到自己是能發揮自我意志、具獨立性的存在，或是想要成為這樣的人，為了證明自己的本質，便不會陷入從屬關係的泥淖。也就是說，在這樣的情況下，人類不屬於任何階級或群體，而是成為完全獨立的個人。這樣的獨立個人將能感受到自我，而擁有自我意志、可自由做出判斷並行動，這便是近代的個人。起源於民主主義的這個「個人」概念便在近代初期開始萌芽。

被迫依群體的習慣去思考及行動時，個人便無法自行思考或行動，而近代傳統社會或社會主義國家，一般國民每天都會遇到這樣的狀況。然而，當社會轉換為民主社會時，人類便開始被鼓勵獨立思考及做出發揮自我意志的行動。

個人的消滅

已經走進完全民主社會的現代人類，都根據自己的自由意志做出判斷及行動嗎？其實，目前我們所處的民主主義社會的確無法讓我們依自己的自由意志做出判斷及行動。許多人雖深信自己擁有自己的想法並且下判斷，但大部分都只是錯覺；實際上大部分人做出的判斷與行動，只是受輿論、多數、趨勢等「看不見的權威」所影響而做出的決定！雖然沒有任何人強調，但其實人們都默默地服從於「共同體」的權威下，並且不知不覺拋棄自己的個人特質。

為了爭奪「個人」而不斷前進，我們都以為具民主性質的個人能因此組成民主社會，但我認為這樣的結果只能導致個人再度被抹滅。否認李承晚前總統的建國事跡而不斷打著反日口號及美化大韓帝國的行為；慘痛的世越號大型海上沉船事件已調查超過五年，依然決定組成特別搜查小組並煽動大眾的政治人士；彈劾未造成內憂外患重大犯罪行為的現任總統*35而出現的蠟燭集會；美化獨裁者金正恩，並為其捏造形象；擁護貪汙、不擇手段的法務部長官。以上集體行為都是個人消失、只剩下集體社會的真面目。久而久之，能冷靜理性做出判斷的個人便無所適從，整個社會只剩下盲目推崇霸權勢力的無知群眾。

只有重尋「個人」，讓每個人擁有獨特性、變得幸福，這是國家繁榮的必經之路。

35　譯注：作者在寫本書時為前總統朴槿惠下臺前。

引用文獻

02 信賴

金勝旭《失敗的國家與成功的國家：歷史性觀察》

崔光等《老舊的新展望》（Guiparang，二〇一七）

03 經濟要發展，人們才會幸福

金理碩《「經濟民主」是正解嗎？不！》

崔光等《老舊的新展望》

文根燦《韓國公立學校教育的改革課題》

崔光等《老舊的新策略》（Guiparang，二〇一七）

04 福利對窮人而言真的是福音嗎？

崔光《福利政策與爭論之根本洞察》

36 譯注：韓國人名皆為音譯。

崔光等《老舊的新策略》

06基本所得制

李英煥《基本所得爭論的兩面》

崔光等《老舊的新策略》

07增聘公務員的弊端

崔勝努《政府創新及公共部門改革》

崔光等《老舊的新展望》

08企業消失的國度，反烏托邦

崔勝努《好政府與壞政府》

崔光等《老舊的新展望》

11商業讚頌

安德烈・格魯克斯曼著、朴貞子譯《思想的巨人們》（Guiparang，二〇一七）

13中產階級

尚—保羅・沙特著、鄭明煥譯《何謂文學》（敏恩寺，一九九八）

米歇爾・傅柯著、朴貞子譯《我們必須保護社會》（東文船，一九九八）

14亞當・史密斯

李根植《亞當・史密斯的古典自由主義》（Guiparang，二〇〇六）

15埃德蒙・柏克的保守主義

艾德蒙・柏克著、李太淑譯《對法國大革命的反思》（韓吉寺，二〇一七）

16 海耶克的自由主義

佛烈德利赫・海耶克著、金理碩譯《通往奴役之路》（自由企業院，二〇一八）

〔後記〕

在麵包店學資本主義

我一直都不喜歡一邊享受資本主義的美好產物，但一邊嘴上又只會批判資本主義的知識分子、文人與藝術家們所表現出的偽善，因為無論他們是否擺明著標榜社會主義，但他們心中認為社會主義至高無上是好的，資本主義則是罪惡之物，更將資本主義視為嘲笑的對象。

但靜下心來思考，其實資本主義只做出生產的動作，而社會主義卻不斷消費資本主義所帶來的「果實」。不知道我用「消費」這詞是否恰當。消費是與「生產」相對的資本主義單純功能，但社會主義的消費卻是一種無生產能力的單純消費，最後這會破壞整個社會。

不具生產能力、僅消費的社會是沒有活力、黑暗且消沉的。想想不僅委內瑞拉、阿根廷等南美國家這樣，就連成功追求財富但依然走上衰退之路的法國也一樣。

本書完稿後的二〇一九年十一月上旬，法國里昂有一名二十二歲的大學生在校園內自焚。他自焚前，在自己的社群媒體留下一句話：「我對讓我們所有法國人的未來變得不安的艾曼紐·馬克宏、法蘭索瓦·歐蘭德、尼古拉·薩科吉與歐盟提出抗議。」在推特上也有許多網友回覆支持該名大學生遺願的留言，說「未來的不安扼殺了我們所有人」。二〇一八年，法國的青年失業率達百分之二十·七七，如此高的失業率讓許多大學生戰戰兢兢，因為他們不確定自己在這種情況下從大學畢業是否能找到工作。法國政府提供的財政補助較美國大學生多，環境條件也較美國年輕人佳，但法國年輕人依然陷入嚴重的憂鬱。這應該起因於社會主義心態與資本主義心態的社會差異。法國國內的集體示威已成為日常生活中常見的事情，法國人開始傾向在街頭解決所有問題，國民也認為國家應該在所有層面提供充足的財政支援。

韓國也受社會主義影響至深，資本主義的活力逐漸消失，幾乎已到經濟低迷的程度。此時，我認為應該開始學習資本主義才行。我開始閱讀相關學者簡短文字，也想和年輕讀者一起分享這樣的學習經驗。我閱讀了提倡市場經濟理論的巨頭亞當．史密斯的作品，為了了解與資本主義有關的保守主義起源，我也閱讀了保守主義艾德蒙．柏克的《對法國大革命的反思》一書。

「保守」常給世人一種「陳腐」的印象，就連有保守傾向的人們也可能因為認為自己是保守主義者而感到羞恥。然而，保守主義是謙虛的，這世上沒有任何人能夠自信說出自己的認知完美無缺，而保守主義也承認人類的不完美。正因人類是不完美的存在，因此無法一次完成所有大事，必須長久累積點滴智慧，才能打造出「構造」——也就是我們常見的「制度」。然而，社會主義革命論點一次便破壞了所有制度，這只是人類的傲慢與任性而已。閱讀完柏克的保守主義論之後，我想應該不會再有任何人認為保守主義是令人羞恥的。因為，不會再有比柏克知識理論性的懷疑主義還要更新穎、更有品格的理論了。

我希望說出「政府提供免費金錢支援真好」的年輕人能夠閱讀海耶克的《通往奴役之路》這本書，他們將能了解政府給的小錢，將會讓人生萌芽階段的年輕人一輩子變成落後者，這也是政府逼迫年輕人不得不走上奴隸之路的方式。

雖然這是我個人的故事，但我想跟各位讀者說，當我在柏克的文字裡發現尚—保羅．沙特及米歇爾．傅柯的論點時，我真心感到神奇。如果不懂中產階級的歷史，就無法完全理解柏克的書，因此我也在書中介紹了尚—保羅．沙特及米歇爾．傅柯的作品。

二〇一〇年代以後智慧型手機出現後，資本主義正在進化成過去社會並未經驗過的型態，這樣的現象在「數位資本主義」上可看見。

本書書名《我們能吃到麵包是託麵包店主人私心之福》*37來自於亞當．史密斯《國富論》裡的一個章節。這句話用濃縮的方式表達資本主義或市場經濟，也因為有「麵包店」這個具親切感的形象，更讓我印象深刻。

希望各位讀者在路上的咖啡廳裡享受麵包與咖啡時，也能輕鬆閱讀本書。

在此也向金世中（音譯）編輯及朴恩惠（音譯）室長獻上我的誠摯謝意，他們

37 譯注：此為韓文版原書名。

總是以深厚的人文知識為我的文字增添風味。

二〇一九年十二月
朴貞子

知識叢書 1102

在麵包店學資本主義：從人文角度看數位時代資本家、勞動者的改變

우리가 빵을 먹을 수 있는 건 빵집 주인의 이기심 덕분이다 : 인문 감성으로 자본주의 공부하기

作　　者—朴貞子（박정자）
譯　　者—陳姿穎
主　　編—羅珊珊
責任編輯—蔡佩錦
校　　對—江淑霞、蔡佩錦
內頁排版—新鑫電腦排版工作室
封面設計—陳恩安
行銷企劃—吳儒芳

總 編 輯—胡金倫
董 事 長—趙政岷
出 版 者—時報文化出版企業股份有限公司
108019台北市萬華區和平西路三段二四〇號四樓
發行專線—（〇二）二三〇六—六八四二
讀者服務專線—〇八〇〇—二三一—七〇五
（〇二）二三〇四—七一〇三
讀者服務傳真—（〇二）二三〇四—六八五八
郵撥—一九三四四七二四時報文化出版公司
信箱—10899臺北華江橋郵局第九九信箱

時報悅讀網—http://www.readingtimes.com.tw
思潮線臉書—https://www.facebook.com/trendage
法律顧問—理律法律事務所　陳長文律師、李念祖律師
印　　刷—綋億印刷有限公司
初版一刷—二〇二一年九月十七日
定　　價—新臺幣四二〇元
（缺頁或破損的書，請寄回更換）

時報文化出版公司成立於一九七五年，
並於一九九九年股票上櫃公開發行，於二〇〇八年脫離中時集團非屬旺中，
以「尊重智慧與創意的文化事業」為信念。

在麵包店學資本主義：從人文角度看數位時代資本家、勞動者的改變 / 朴貞子（박정자）著；陳姿穎 譯. -- 初版. -- 臺北市：時報文化出版企業股份有限公司, 2021.09
328面；14.8x21公分. --（知識叢書；1102）
譯自：우리가 빵을 먹을 수 있는 건 빵집 주인의 이기심 덕분이다 : 인문 감성으로 자본주의 공부하기
ISBN 978-957-13-9282-0（平裝）
1.資本主義　2.經濟政策
550.187　　110012298

ISBN 978-957-13-9282-0
Printed in Taiwan